사랑의 마음의 법

정재익 지음

기독교문서선교회

기독교문서선교회(Christian Literature Center: 약칭 CLC)는 1941년 영국 콜체스터에서 켄 아담스에 의해 시작되었으며 국제 본부는 미국의 필라델피아에 있습니다.

국제 CLC는 59개 나라에서 180개의 본부를 두고, 약 650여 명의 선교사들이 이동도서차량 40대를 이용하여 문서 보급에 힘쓰고 있으며 이메일 주문을 통해 130여 국으로 책을 공급하고 있습니다.

한국 CLC는 청교도적 복음주의 신학과 신앙서적을 출판하는 문서선교 기관으로서, 한 영혼이라도 구원되길 소망하면서 주님이 오시는 그날까지 최선을 다할 것입니다.

The Law of Mind, The Law of Love

Written by
Jae Ik Jeong

Korean Edition
Copyright © 2017 by Christian Literature Center
Seoul, Korea

너희가 만일 성경에 기록된 대로

네 이웃 사랑하기를 네 몸과 같이 하라 하신

최고의 법을 지키면 잘 하는 것이거니와

(약 2:8)

Yes indeed,

it is good when you obey the royal law

as found in the Scriptures:

"Love your neighbor as yourself"

(Jam 2:8, NLT)

추천의 글

고재근 투자상담사 / 인베스트컨설팅, 서울은혜교회

허울뿐인 신앙의 틀을 깨는 새로운 영성의 등불로 사랑과 자유의 길을 비추어 주었다. 감추어진 진주를 발견하는 환희의 탄성을 지르게 한 책이다.

권중혁 원장 / 서울성모정형외과, 송도좋은교회

항상 궁금한 것은 그리스도인으로서 제대로 살고 있는지, 하나님은 나에게 관심이 있는지였다. 이 책을 읽으며 성령의 도우심으로 예수 그리스도와 친구가 되어야 함을 알게 되었고, 자유와 사랑을 배우는 귀한 시간이었다.

김중호 박사 / 한국수출입은행, 온누리교회

6년 전에 세상의 것들을 훌훌 벗고 가난한 심령이 되어있던 저자를 처음 만났을 때 하늘의 지식창고 앞에 서 있는 모습이었다. 그동안 서넛이 모여 몰래 맛보던 하늘의 만나를 맛있게 담아낸 이 책이 많은 사람들에게 기쁨과 능력으로 경험되기를 소망한다.

김태양 목사 / 스탠드업커뮤니티, 참빛교회

얽매여 있었는데, 오해하고 있었는데, 놓쳐버렸는데 전혀 다른 방향에서 그 원인을 찾고 있었다는 것을 이 책을 통해 다시 생각해 보기 시작했다.

민원일 전무 / ㈜프라임티엔티, 반월중앙교회

오랫동안 신앙생활을 해 오면서 항상 마음에 무거운 짐처럼 가지고 있던 죄와 의, 믿음과 자유에 대한 신앙적인 갈증을 시원하게 풀어 주었다.

박찬순 대표 / 씨에스, 오늘의교회

어릴적 시골에서 어른들이 싸울 때 '법대로 하자'는 말을 자주 들었다. 이 책을 읽으며 세상을 이기는 최고의 법은 마음에 새겨진 의문(儀文)의 법이나 도덕이 아니라 하나님의 사랑이라는 것을 명확히 알게 되었다.

심상덕 대표 / 주신기업, 남포교회

마음에는 영과 육신을 향한 생각의 문이 있다. 영의 생각의 문과 육신의 생각의 문 중에 어느 문을 열지는 각 사람의 선택이다. 이 책은 영의 생각의 문을 열 수 있는 지각과 습관을 연단할 수 있도록 안내해 준다.

윤택중 목사 / BTC 비즈너리, 밝은교회

청년의 불같은 욕망과 갈등, 장년의 자기 의와 자랑과 자고(自高)를 마음의 법으로는 결코 이길 수 없다. 이 책은 마음의 법으로는 이룰 수 없는 아들됨의 참 자유를 사랑의 법으로 열어주고 있다.

장판호 목사 / ㈜우리라이프, 영평교회

율법의 정죄로부터 벗어나 믿음의 법으로 주어진 은혜의 선물만을 즐기던 어린아이 같은 삶에서 성령의 법으로 인도함을 받는 자유와 사랑의 장성한 분량의 삶으로 안내해 주었다.

정영섭 간사 / Hugo Acoustic Ensemble, 오늘의교회

이 책이 말하고 있는 '마음의 법'은 성령이 우리 시대에 나타내주신 새로운 발견이고 계시의 진보이다. 마음의 법에 대한 깊은 이해는 이 세상에서의 그리스도인의 실존과 이중적 정체성과 성화의 여정에 대한 놀라운 통찰력을 준다.

정준영 목사 / 새마음교회

완전하지 못한 신학이나 개인의 경험에 치우쳐 말씀을 재단하는 경우가 많은데, 이 책은 저자의 겸손함과 깊은 통찰력을 통해서 사랑의 법으로 완성되는 말씀에 대한 새로운 빛을 보여주고 있다.

조서진 대표 / ㈜제이앤에프, 광현교회

이 책의 이정표를 따라 읽으며 사랑의 법에 이르러 가는 여정은 마치 엠마오로 가던 길에 부활하신 예수님을 만나 말씀을 들을 때 그 마음이 뜨거워졌던 제자들처럼 어떤 설렘과 흥분이 일었다.

조창배 대표 / 그레파트너스(주), 샘물교회

대한민국 헌법 제11조 1항의 '모든 국민은 법 앞에 평등하다'는 세상의 법에 익숙해 있는 우리에게, 이 책은 원인과 결과로 묶이는 인과법칙을 뛰어넘는 하나님의 온전한 '은혜'가 무엇인지를 볼 수 있도록 인도해 준다.

황찬규 교수 / 서울벤처대학원대학교, 참좋은교회

이 책은 이 세상에서의 모든 싸움에서 이길 수 있는 비결을 일깨워 준다. 그 비결은 예수님이 모본을 보여주신 온유의 일곱 단계다. 그중에서도 '맞대응하여 욕하지 않고, 위협하지 않고, 공의의 심판자에게 맡긴다'는 말씀이 특별히 큰 도움이 되었다.

홍기철 부장 / 한국수출입은행(기독신우회장), 광성교회

세상 속의 그리스도인으로서 성령과 사랑의 법으로 세상을 이기는 비결을 발견할 수 있었다. 한번 읽고 덮어버리는 책이 아니라 교과서처럼 반복해서 읽어야 할 책이다.

프롤로그

CHAPTER 1
법으로 본 로마서

022　로마서에 나오는 법(法)의 이름들
023　법이란 무엇인가
025　바울이 법을 붙인 이유
027　법으로 본 로마서
034　신법은 구법을 완성한다

CHAPTER 2
죄와 사망의 법 그리고 율법

044　죄는 무엇인가
049　죄는 지체 속에서 일한다
054　사망의 법
062　의(義)의 법
067　율법과 세상의 초등학문

CHAPTER 3
믿음의 법

- 074 복음
- 077 말의 그릇에 담긴 복음
- 079 믿음은 하나님을 아는 분량이다
- 085 아버지와 아들
- 089 하나님과의 관계 조정
- 096 믿음의 효력

CHAPTER 4
마음의 법

- 104 영과 혼과 몸
- 107 영과 혼과 몸이 깨지다
- 111 옛사람과 새사람
- 116 새사람의 실존적 실상
- 124 마음의 법
- 127 자기 의(義)
- 132 마음을 새롭게 함으로 변화를 받는다는 것

CHAPTER 5
생명의 성령의 법

142 생명의 성령의 법
149 마음에 숨은 속사람
153 선한 양심
160 성령의 인도함을 받는 사람
173 말씀은 씨와 같다
182 마음의 새 법
193 행함과 열매

CHAPTER 6
사랑의 법

202 최고의 법
209 사랑이 알게 한다
214 체휼(體恤)
220 친구도(親舊道)
225 자유와 사랑
243 교회와 교제
253 온유와 겸손

에필로그

프롤로그

　예수 그리스도로 말미암아 이전 사람과는 전혀 다른 새롭게 창조된 신인류가 탄생하였다(고후 5:17). 이 신인류는 예수 그리스도의 부활 생명으로 거듭난 새 생명이며 새사람이다. 그의 지위와 신분은 하나님의 아들이며 예수 그리스도와 함께 하는 상속자이고, 세상에 대해서는 소금과 빛과 사랑이다. 그는 이미 창세 전에 그리스도 안에서 하나님의 사랑과 기쁘신 뜻으로 아들됨의 영광으로 계획되었으며(엡 1:3-6), 이 세상에 태어나 사는 어느 날인가에 하나님의 부르심을 받아 의롭다하심을 입고 하나님의 영광에 이르러 가는 새사람이 된 것이다(롬 8:29-30).

　그런데 왜 이 새사람은 "오호라 나는 곤고한 사람이로다 이 사망의 몸에서 누가 나를 건져내랴"(롬 7:24)고 탄식하고 아우성치는가?

　하나님의 위대한 사랑으로 부르심 받은 이 새사람은 새 생명으로 거듭났으나 여전히 옛사람의 옷을 입고 있고, 선을 행하기 원하지만 도리어 원치 않는 악을 행하고, 죄의 법과 싸우지만 여전히 패배하고, 성령을 따라 살기를 원하지만 여전히 육신을 따라 행하는 자신을 맞닥뜨리며 좌절과 절망을 맛보고 있다.

　믿음과 기도와 열심과 헌신은 있으나 모든 것을 참고 견디는 하나님의 온전한 사랑에까지는 이르지 못하고, 의의 말씀을 먹고 지각을 연단하여 주의 뜻이 무엇인지 분별하고 싶으나 여전히 그리스도의 장성한 분량이 충만한 데까지는 자라지 못하고 있는 것이다.

　이것이 오늘을 사는 많은 그리스도인들의 현실적인 실존의 모습이다. 하나님의 부르심을 받아 예수 그리스도를 믿고 새사람으로 거듭나고 열심과 충성과 헌신으로 10년, 20년, 30년의 신앙생활을 했음에도 불구하고 하나님의 온전하심, 그리스도의 충만한 분량, 성령의 열매와 인도하심, 모든 것을 참고 견디는 사랑, 장성한 자로서 선악과 주의 뜻이 무엇인지를 분별하는 것으로 표현되는 하나님의 아들들의 영광스런 봉우리에는 이르지 못하는 이유는 무엇인가에 대한 의문으로 이 책을 쓰게 되었다.

　이 책에서 특별히 주목한 것은 로마서 7장에서 죄의 법과 싸우고 있는 '마음의 법'이다. 모든 사람에게는 마음에 새겨진 법이 있는데 이 마음의 법이 우리의 일반적인 생각과는 달리 긍정적인 역할을 하기보다는 걸림돌이 되고 있다는 것을 발견하였다. 요즘 마음수련이나 명상과 같은 마음을 이해하고 다스리는 프로그램들이 여러 종교와 심리치유 모임에서 가르쳐지고 있다. 교회에서도 선한 마음과 행실을 강조하는 도덕적인 설교를 통해 그리스도인들이 세상의 빛과 소금이 되어야 할 것을 강조하곤 한다. 이에 대해 놀랍게도 로마서 7장은 마음수련이나 명상이나 도덕적 가르침이 자기 신념을 강화시킬 뿐 마음을 새롭게 하여 변화하는데는 유익이 되지 않는다고 말씀하고 있다.

> 내 속사람으로는 하나님의 법을 즐거워하되 내 지체 속에서
> 한 다른 법이 내 마음의 법과 싸워 내 지체 속에 있는 죄의
> 법으로 나를 사로잡는 것을 보는도다(롬 7:22-23).

왜 우리는 선을 행하기 원하는데 원하는 선은 행하지 못하고 원하지 않는 악을 행하는가?

마음의 법으로 새겨진 도덕율의 수준이 높으면 높을수록, 선하면 선할수록 죄를 이기고 선을 행할 수 있는 능력이 생기는가?

성경말씀은 그렇지 않다고 말한다. 마음의 법 스스로는 죄를 이기거나 선을 행할 능력이 없기 때문이다. 마음의 법은 선악의 판단과 행위의 기준이 될 뿐 그것으로 선을 행할 능력은 없다는 것이다. 사람이 선하고 고상한 마음의 법을 가지면 선을 행할 수 있다고 생각하는 것이 쌓여 믿음이 되면 바로 이것이 마음을 수양하고 도(道)를 닦는 종교가 되고 만다.

그럼 이러한 마음의 법은 어떻게 만들어지는가?

사람마다 그 나라와 민족과 종교와 문화와 부모와 교육으로부터 오는 고유하고 독특한 어떤 도덕과 규범과 가치와 기준과 관습과 법을 배우게 된다. 유대인은 율법을 배우고 아랍인은 이슬람 교리를 배우고 우리는 우리 민족의 전통과 종교성과 문화를 배우게 되는데 이것이 각 사람의 마음에 법으로, 도덕으로, 규범으로 새겨지는 것이다. 이것을 각 사람의 마음의 법이라 말한다(롬 2:14-15).

새사람이 된 그리스도인에게도 이 마음의 법은 그대로 남아있어서 그 마음의 법으로 살려고 하는 의지와 습관으로 작용한다. 이것이 옛사람의 마음의 법이다. 옛사람의 마음의 법으로는 죄를 이길 수도, 선을 행할 수도, 성령을 따를 수도, 사랑의 열매를 맺을 수도 없다. 옛사람의 마음의 법을 뛰어넘는 능력의 법인 생명의 성령의 법으로 나아가야 한다.

옛사람의 마음의 법은 마음의 새 법으로 바꿔져야 한다. 마음의 법은 바꾸지 않고 '여기가 좋사오니' 하면서 믿음으로 구원받은 은혜에만 머물러 있으면 계속해서 옛사람의 마음의 법을 따라 살게 되는 것이다. 영이요 생명인 말씀이 마음의 새 법이다. 말씀이 씨와 같이 성령으로 마음에 심겨지고 그 말씀이 자라서 마음의 새 법이 되는 것이다. 이 말씀은 의문이나 지식이나 도덕의 형식이 아닌 오직 성령으로만 마음의 새 법이 될 수 있다.

이 책은 그리스도 안에서 부르심 받은 새사람이 옛사람의 마음의 법을 벗고 영이요 생명인 말씀으로 마음의 새 법을 새기는 과정과 성령으로 인도함을 받아 하나님의 무한하신 사랑과 예수 그리스도의 충만한 영광에 이르는 장대한 믿음의 여정을 한 걸음씩 따라가며 썼다. 이 여정은 죄와 사망의 법에서 율법으로, 율법에서 믿음의 법으로, 믿음의 법에서 생명의 성령의 법으로, 생명의 성령의 법에서 사랑의 법에 이르는 길이다. 사실 믿음의 법에서 마음의 법의 장벽에 가로막혀

좌절하고 머뭇거리다가 먼 길을 돌아서 생명의 성령의 법으로 가는 경우가 훨씬 더 많다. 오랜 신앙생활을 하고 있음에도 변화와 성숙함이 없다면 대부분 이 마음의 법을 넘어서지 못하고 있기 때문이다.

하나님은 우리의 믿음의 여정에 동행하시면서 종교적인 열심과 순종과 헌신을 통해서가 아니라 아들로 부르심 받은 새사람의 자유와 사랑의 자발적인 굴복을 통해 하나님 자신의 무한한 자유와 사랑과 영광 가운데로 이끄신다. 이것이 이 세상에서 나그네와 같은 위대한 믿음의 여정을 사는 모든 그리스도인들의 자랑이고 명예이고 영광이다. 이 책이 하나님의 사랑과 예수 그리스도의 충만한 분량의 높은 곳까지 올라가는 장대한 믿음의 여정에서 갈림길마다 더 높은 곳으로 안내하는 이정표가 되길 바란다.

지난 6년 동안 이 책에 담은 말씀과 이야기를 함께 나누며 먹고 마시고 웃고 사랑하며 살고 확증해 준 나의 형제이자 친구이고 동역자인 정영섭 간사와 김중호 박사와 황찬규 교수와 박찬순 형제와 김태양 목사와 조창배 대표에게 특별한 감사를 드린다. 2012년부터 이 책의 대부분의 주제를 함께 나누며 기뻐하고 증인이 되어준 한국수출입은행 기독신우회 친구들에게도 특별한 감사를 드린다. 그리고 일일이 다 말할 수 없는 많은 분들의 교제와 사랑과 기도가 있었음을 기억하고 감사드리며 이 책을 드린다.

2017년 1월 5일

CHAPTER 1
법으로 본 로마서

로마서에 나오는 법(法)의 이름들
법이란 무엇인가
바울이 법을 붙인 이유
법으로 본 로마서
신법은 구법을 완성한다

로마서에 나오는 법(法)의 이름들

법전이라 일컬을 만큼 로마서에는 여러 법의 이름이 나온다. 로마서를 자주 읽으면서도 법이 이렇게 많았나 싶을 정도로 미처 의식하지 못한 채 지나친 법자가 붙은 특별한 용어들이다. 그중에서 빈번하게 나오는 율법은 아주 익숙한 법 이름일 것이다. 그런데 믿음이란 말에 법자가 붙어 '믿음의 법'이라고 쓰여진 법이 있다고 하면 '정말 그런 법이 있어?'라고 말할 정도로 아마 생소할 것이다. 그 대표적인 말씀이 로마서 3:27이다.

> 그런즉 자랑할 데가 어디냐 있을 수가 없느니라 무슨 법으로냐 행위로냐 아니라 오직 믿음의 법으로니라(롬 3:27).

율법과 믿음의 법외에도 마음의 법, 죄의 법, 죄와 사망의 법, 하나님의 법, 의의 법, 생명의 성령의 법 등의 이름이 나온다. 그리고 로마서에서는 직접 법을 붙여 쓰지는 않았지만 다른 성경에서 법을 붙여 지칭한 또 하나의 법이 있다. 야고보서는 "이웃 사랑하기를 네 몸과 같이 하라"고 한 말씀을 최고의 법(the royal law)이라고 불렀다. 이 최고의 법은 사랑의 법이다. 로마서는 이 최고의 법인 사랑을 "율법의 완성"(롬 13:10)이라고 말하고 있다.

너희가 만일 성경에 기록된 대로 네 이웃 사랑하기를 네 몸과 같이 하라 하신 최고의 법을 지키면 잘 하는 것이거니와 (약 2:8).

Yes indeed, it is good when you obey the royal law as found in the Scriptures: "Love your neighbor as yourself" (Jam 2:8, NLT).

법이란 무엇인가

법이란 무엇인가?

왜 법이라 했는가?

왜 죄, 사망, 마음, 믿음, 의, 생명, 사랑 같은 말에 법이라는 이름을 붙여서 말씀하고 있는가?

이것은 마치 법이라는 그릇 속에 계명, 죄, 사망, 마음, 믿음, 의, 생명, 사랑이라는 내용을 담아서 전달하는 것과 같은 모양이다. 계명, 죄, 사망, 마음, 믿음, 의, 생명, 사랑이 가진 어떤 속성을 전달하고 이해하는데 아마 법이란 말이 가지고 있는 어떤 개념이나 의미가 매우 유용하고 적절한 그릇이기 때문일 것이다.

그러면 먼저 법이 가진 의미가 무엇인지 이해할 필요가 있다. 바울이 로마서에서 사용한 법이란 말은 헬라어 노모스(νόμος)이다. 노모스는 율법을 뜻하는 히브리어 토라(חרה)의 헬라어 표현이다. 노모스의 어원을 보면 '여럿으로 분깃을 나누다'는 뜻의 네모(νεμω)에서 유래된 단어로써 '가축들이 서로 다투지 않고 골고루 풀을 뜯어 먹을 수 있도록 목초지를 골고루 안배하고 조정한다'는 뜻을 갖고 있다. 여기서 '질서를 유지하게 만든다'는 뜻을 갖는 의미로 노모스가 사용된 것이다.

동양에서의 법은 인도의 고대 문헌인 베다(veda)에 나오는 다르마(dharma)에서 유래한 것으로 알려져 있다. 다르마는 '유지한다,' '질서 지운다'라는 뜻을 가지고 있다. 다르마로부터 유래한 법의 의미는 '이 세상이 그렇게 되게끔 되어 있는 것' 또는 '현실의 존재가 지금 이렇게 되어 있어야만 한다'와 같은 뜻으로 받아들여졌다.

중국에서는 이런 의미를 가진 다르마를 '물(水)이 간다(去)'는 의미를 함축하는 '法(법)'이란 말로 번역하였다. 즉 법이란 말은 물이 끊임없이 어떤 방향으로 흐르게 되면 거기에는 일정한 물길이 생긴다는 것을 나타내고 있는 것이다. 동양 사람들은 법이란 말이 갖고 있는 이 물길을 '모든 사람이 언제 어디서나 지켜야 할 규율, 법도, 법칙, 규범, 의무, 도리, 제도, 관례'로 이해했다. 또한 '인간 행위를 보존하는 것,' '어떤 것의 본질, 본성, 속성, 성질, 특질, 특성을 나타내는 것' 등 아주 다양한 의미로 받아들였다.

이렇게 볼 때 법은 본래 단순히 하나의 어떤 법조문만을 의미하는 것이 아니라는 것을 알 수 있다. 법은 그렇게 되어야 할 길을 내고 그 질서를 만드는 어떤 속성이나 힘과 같은 것을 의미하고 있다. 그래서 법은 언제 어디서나 모든 사람에게 동일하게 행사되는 질서이고 힘이며 권세가 되는 특성을 가진 어떤 것이다.

율법은 그냥 '법'(the Law, νόμος)인데 일반적인 다른 법과 구별하여 쓰는 우리말의 번역어이다.

바울이 법을 붙인 이유

바울은 왜 율법을 지칭하는 노모스를 율법 외에 죄, 사망, 마음, 믿음, 의, 생명, 사랑과 같은 말에 붙여 사용했을까?

우선 바울은 노모스란 말로 표현한 법의 의미를 율법이란 말을 사용할 때 내포했던 의문(儀文)을 뜻하는 말로 사용하지는 않았을 것이다. 고린도후서 3:6에서 바울은 이미 율법조문(written laws)으로 번역된 헬라어 그람마(γράμμα)를 사용하여 문자로 쓰여진 글과 기록인 의문의 율법에는 생명이 없다고 말했기 때문이다.

> 그가 또한 우리를 새 언약의 일꾼 되기에 만족하게 하셨으니 율법 조문으로 하지 아니하고 오직 영으로 함이니 율법 조문은 죽이는 것이요 영은 살리는 것이니라(고후 3:6).

> He has enabled us to be ministers of his new covenant. This is a covenant not of written laws, but of the Spirit. The old written covenant ends in death; but under the new covenant, the Spirit gives life(2 Co 3:6, NLT).

바울이 율법이라는 말을 쓸 때는 하나님께서 언약관계에 있는 이스라엘 백성에게 주신 구약의 율법, 즉 모세오경과 제사법들과 하나님의 계명과 교훈들을 의미하는 히브리어 토라(תורה)를 지칭하여 사용하였다. 그런데 죄의 법, 사망의 법, 마음의 법, 믿음의 법, 의의 법, 생명의 성령의 법과 같이 특정한 말에 율법과 같은 노모스를 그대로 붙여 사용한 것은 아마 율법과 대비되는 다른 법들이 있음을 강조하는 동시에 그 법들이 율법과 어떻게 다르게 작용하고 있는지를 나타내려는 의도가 있었을 것으로 생각된다.

또한 그런 의도뿐만이 아니라 앞에서 살펴본 바와 같이 모든 사람에게 언제 어디서나 동일하게 행사되는 질서이고 힘이며 권세로서의 법의 성질을 죄와 사망과 믿음과 의와 생명 등과 같은 인간존재의 본질적 속성과 결합시킴으로써 이러한 본성이 죄의 법, 사망의 법, 마음의 법, 믿음의 법, 의의 법, 생명의 법이 되어 구원역사 가운데 있는 인간에게 어떻게 작용하고 어떤 역할을 하고 있는지를 설명하고 나타내기 위해서일 것이다. 이로써 우리 안에서 역사하고 있는 죄와 사망과 마음과 믿음과 의와 생명과 성령과 같은 것을 법이라는 말의 그릇을 통해서 우리는 더욱 더 잘 알게 되는 것이다.

바울이 사용한 법은 예수님이 "내가 곧 길이요 진리요 생명이니"(요 14:6)라고 말씀하신 것에 착안한다면 "길"에 가까운 의미로 쓰였다고 말할 수 있다. 그래서 법을 이해하기 위한 방편으로 죄와 사망의 법은 죄와 사망의 길로, 믿음의 법은 믿음의 길로, 생명의 성령의 법은 생명의 성령의 길로 표현하여 이해해도 크게 어긋나지 않을 것이다. 법은 그렇게 되도록 되어있는 길과 같은 것이기 때문이다.

법으로 본 로마서

로마서는 구속의 역사와 그리스도인의 성화의 여정을 법으로 풀어 쓴 말씀이라 해도 지나치지 않을 것이다. 로마서를 보는 여러 가지 관점이 있겠으나 이 책은 법의 관점에서 앞에서 열거한 법들이 인류역사로 들어오는 순서에 따라 시계열적으로 정렬하여 보았다. 법은 구원사적 순서를 따라 역사 속으로 들어온다. 맨 처음 아담으로 말미암아 죄가 세상에 들어올 때 죄와 사망의 법이 따라 들어왔다.

이어서 모세를 통해 율법이 들어오고 예수님과 함께 믿음의 법이 들어오고 성령으로 말미암아 생명의 성령의 법이 들어온다. 그리고 성령의 법은 최고의 법인 사랑의 법으로 이끌어 간다. 로마서는 이 법들이 들어온 순서를 따라 쓰여 졌다. 로마서는 각각의 법의 본질적인 내용과 역할을 기록하면서 법들 상호 간의 유기적인 관계와 작용에 대해서 곁들여 설명하고 있다. 로마서를 법에 따라 장별로 크게 구분하면 다음과 같다.

로마서 1장	죄(죄와 사망의 법)
로마서 2-3장	율법
로마서 3-6장	믿음의 법
로마서 7장	마음의 법
로마서 8장	생명의 성령의 법
로마서 12-15장	사랑의 법

처음으로 세상에 들어온 법은 죄와 사망의 법이다.

하나님께서 천지를 창조하시고 아담과 하와를 만드시고 에덴동산에 거하게 하셨을 때 이 세상에는 죄도 없었고 죄와 사망의 법도 없었다. 죄는 세상 밖으로부터 들어와 아담에게 이르렀고 죄가 들어오면서 함께 온 법이 죄의 법과 사망의 법이다. 죄의 삯은 사망이기 때문에 죄의 법은 필연적으로 사망의 법과 하나로 연결되어 죄와 사망의 법이 된다.

> 그러므로 한 사람으로 말미암아 죄가 세상에 들어오고 죄로 말미암아 사망이 들어왔나니 이와 같이 모든 사람이 죄를

지었으므로 사망이 모든 사람에게 이르렀느니라(롬 5:12).

    에덴동산에서 아담과 하와가 죄를 받아들인 이래로 이 세상과 모든 사람은 이 죄와 사망의 법아래 매여 죄의 종노릇하게 되었다. 로마서 1:18-32은 죄와 사망의 법으로 말미암아 죄의 종노릇하는 사람들의 실상을 생생하게 보여주는 말씀이다. 그들은 상실한 마음과 허망한 생각과 마음의 정욕과 모든 부끄러운 일들에 매여 살며 하나님의 진노 아래 있는 것이다.

    죄와 사망의 법이 들어온 다음에 이 세상에 두 번째로 율법이 들어온다.

    율법은 모세를 통해 하나님께서 언약을 맺은 이스라엘 백성에게 주신 법이다. 죄와 사망의 법으로 말미암아 온 세상에 죄가 관영하고 사망이 왕 노릇 하였으나 율법이 없을 때에는 죄를 죄로 여기지 아니하였다. 그렇기 때문에 죄를 깨닫게 하고 죄를 죄 되게 하여 하나님의 심판아래 있게 하기 위해 주신 법이 율법이다. 율법은 한마디로 죄를 알게 하는 법이고 죄를 죄 되게 하는 법이다. 율법은 의롭게 하는 법으로나 구원의 법으로 주신 것이 아니다.

> 우리가 알거니와 무릇 율법이 말하는 바는 율법 아래 있는 자들에게 말하는 것이니 이는 모든 입을 막고 온 세상으로

> 하나님의 심판 아래 있게 하려 함이니라 그러므로 율법의 행위로 그의 앞에 의롭다 하심을 얻을 육체가 없나니 율법으로는 죄를 깨달음이니라(롬 3:19-20).

율법에 이어 세 번째로 들어온 법은 예수님과 더불어 온 믿음의 법이다.

율법으로 정죄되고 심판아래 놓인 인류는 하나님의 의에 도달하여 구원받을 방법이 없었다. 그 누구도 하나님의 의의 기준인 율법의 의를 행할 능력이 없기 때문이다. 이와 같이 율법의 행위로는 하나님의 의에 도달할 사람이 없기 때문에 예수님이 이 세상으로 찾아들어오셨다. 예수님 자신이 화목제물이 되어 모든 죄를 속량하심으로써 모든 사람이 하나님의 의롭다하심에 이를 수 있는 길을 만드신 것이다.

예수로 말미암아 의롭게 될 수 있는 길이 열렸다는 이 기쁜 소식이 바로 복음(福音)이다. 이처럼 의롭게 되는 것이 어떤 행위를 통해서가 아니라 복음을 듣고 믿음으로 얻는 것이기 때문에 이를 믿음의 법이라고 부른다. 믿음의 법의 다른 이름은 복음이고 의롭다함을 얻는 법이다.

> 그런즉 자랑할 데가 어디냐 있을 수가 없느니라 무슨 법으로냐 행위로냐 아니라 오직 믿음의 법으로니라 그러므로 사람이 의롭다 하심을 얻는 것은 율법의 행위에 있지 않고 믿음으로 되는 줄 우리가 인정하노라(롬 3:27-28).

믿음의 법에 따라 우리는 단지 의롭다함을 얻는 데서 그치는 것이 아니라 예수 그리스도와의 연합을 통해서 부활의 새 생명으로 거듭나게 된다(롬 6:4-5). 새 생명으로 거듭난 사람은 새사람이 되고 새사람이 아닌 이전의 사람을 옛사람이라 부른다. 이와 같이 믿음의 법으로 말미암아 의롭다함을 얻고 새 생명으로 거듭난 새사람이 창조된다.

> 그러므로 우리가 그의 죽으심과 합하여 세례를 받음으로 그와 함께 장사 되었나니 이는 아버지의 영광으로 말미암아 그리스도를 죽은 자 가운데서 살리심과 같이 우리로 또한 새 생명 가운데서 행하게 하려 함이라(롬 6:4).

믿음의 법으로 거듭난 새사람 앞에 갑자기 끼어들듯이 등장하는 법이 7장에 나오는 마음의 법이다.

로마서 7장은 3장(믿음의 법)에서 8장(생명의 성령의 법)에 이르는 과정에서 신학적 논쟁을 불러일으키기도 하는 매우 독특한 말씀이다. 3장은 예수 그리스도로 말미암아 믿음의 법이 들어온 것에 대하여 말하고 이어서 4-5장에서는 아브라함과 아담을 들어 믿음의 법은 처음부터 하나님의 약속과 은혜 안에 있었던 것임을 증명하여 설명한다. 그리고 6장에서는 믿음의 법으로 예수 그리스도와 연합되어 새 생명이 탄생하고 이로 말미암아 옛사람과 구별되는 새사람이 창조되는 놀라운 장면이 전개된다. 그런데 7장에서는 이 새사람이 죄의 법과 싸워 이기지 못하고 늘 패배하는 모습으로 나타난다. 새사람은 죄에 사로잡혀서 사망의 몸에 갇히게 되고 곤고한 가운데 탄식하며 사는 무기력하기 그지없는 실상으로 그려지고 있다. 이 때 새사람 안에서 죄의 법과 싸워 패배하는 법이 바로 마음의 법이다.

> 내 속사람으로는 하나님의 법을 즐거워하되 내 지체 속에서 한 다른 법이 내 마음의 법과 싸워 내 지체 속에 있는 죄의 법으로 나를 사로잡는 것을 보는도다(롬 7:22-23).

죄의 법과 싸우고 있는 이 마음의 법은 도대체 어떤 법인가?
왜 갑자기 마음의 법이 나서서 죄의 법과 싸우는가?
여기서는 문제만 제기하고 CHAPTER 4의 〈마음의 법〉에서 상세하게 다루겠다.

마음의 법이 죄의 법과 싸워서 지고 새사람이 사망의 몸 안에서 탄식하고 있을 때 로마서 8장에서 나타나는 법이 생명의 성령의 법이다.

생명의 성령의 법은 죄와 사망의 법으로부터 새사람을 해방시키는 법이다. 이 생명의 성령의 법은 이미 예수 그리스도와의 연합을 통해 새 생명으로 거듭날 때 믿음의 법과 함께 역사한다. 생명이 거듭나는 것은 사람의 뜻으로 말미암아 가질 수 있는 것이 아니고 하나님의 뜻에 따라 되는 일이다. 성령이 이를 알게 하고 새 생명으로 거듭나게 하고 믿음을 갖게 해 주는 것이다. 성령이 없이는 알 수도 없고 믿을 수도 없고 새 생명을 가질 수도 없다. 생명의 성령의 법은 새 생명의 탄생뿐만 아니라 이 새 생명을 가진 새사람이 이 세상에서 살고 성장해 가는 과정에서 죄와 사망의 법을 무력화시키는 권세 있는 법이고 율법이 요구하는 하나님의 의를 성취하는 법이다.

> 그러므로 이제 그리스도 예수 안에 있는 자에게는 결코 정죄함이 없나니 이는 그리스도 예수 안에 있는 생명의 성령의 법이 죄와 사망의 법에서 너를 해방하였음이라(롬 8:1-2).
>
> 율법이 육신으로 말미암아 연약하여 할 수 없는 그것을 하나님은 하시나니 곧 죄로 말미암아 자기 아들을 죄 있는 육신의 모양으로 보내어 육신에 죄를 정하사 육신을 따르지 않고 그 영을 따라 행하는 우리에게 율법의 요구가 이루어지게 하려 하심이니라(롬 8:3-4).

마지막으로 로마서는 사랑의 법에 대해 말씀한다.

생명의 성령의 법은 새사람 안에서 율법의 요구를 성취하고 결국은 사랑으로 율법을 완성하는 데까지 이르도록 인도한다. 사랑은 율법을 완성하는 최고의 법이다. 로마서 12장부터 15장은 교회와 그리스도인이 사랑의 법을 성취해 가는 모습을 보여주고 있다.

> 사랑은 이웃에게 악을 행하지 아니하나니 그러므로 사랑은 율법의 완성이니라(롬 13:10).

신법은 구법을 완성한다

일반적으로 국가 사회의 법체계에서는 신법이 구법에 우선하고 상위법이 하위법에 우선하는 원칙이 있다. 신법이 제정되면 구법은 폐지되어 효력을 상실하게 된다. 그러나 성경의 법체계에서는 이와는 다소 다르다. 신법이 구법에 우선하는 것은 맞지만 신법이 왔다하여 구법이 폐지되는 것이 아니라 신법이 구법을 끌고 가면서 구법을 완성해 간다고 말하는 것이 더 정확한 표현이다.

물론 죄와 사망의 법은 예외지만, 율법은 신법인 믿음의 법으로 성취되고 생명의 성령의 법과 사랑의 법으로 완성된다. 믿음의 법 또한 생명의 성령의 법으로 성취되고 사랑의 법에 이르게 된다. 결국 모든 법은 사랑 안에서 성취되고 성화되고 완성되는 것이다.

그러나 죄와 사망의 법은 신법인 율법으로 폐지되는 것이 아니라 오히려 살아난다. 율법이 없었을 때에는 죄를 알게 하는 법이 없었기 때문에 죄와 사망의 법이 정죄하는 권세가 없었으나 신법인 율법으로 말미암아 죄를 죄 되게 하고 심판에 이르게 하는 권능을 갖게 되었다.

> 그런즉 우리가 무슨 말을 하리요 율법이 죄냐 그럴 수 없느니라 율법으로 말미암지 않고는 내가 죄를 알지 못하였으니 곧 율법이 탐내지 말라 하지 아니하였더면 내가 탐심을 알지 못하였으리라 그러나 죄가 기회를 타서 계명으로 말미암아 내 속에서 각양 탐심을 이루었나니 이는 법이 없으면 죄가 죽은 것임이니라 전에 법을 깨닫지 못할 때에는 내가 살았더니 계명이 이르매 죄는 살아나고 나는 죽었도다(롬 7:7–9).

율법으로 권능을 얻은 죄와 사망의 법은 새로운 신법인 믿음의 법이 오면서 그 효력을 상실하게 된다. 율법이 예수 그리스도와 함께 십자가에서 못 박혀 죽은 바 되면서 죄와 사망의 법은 믿음의 법으로 말미암아 은혜 아래 있는 새사람을 더 이상 주장할 수 없게 되는 것이다. 그러나 죄는 기회를 엿보고 있다가 율법을 가지고 우리를 속여서 여전히 효력이 있는 것처럼 행세한다.

사망이 죄의 화살을 쏘면 죄는 우리에게 와서 율법으로 속이는 것이다. 우리는 여기에 속아 넘어가서는 안 된다. 우리는 더 이상 율법 아래 있지 않기 때문에 율법에 대하여 그리스도와 함께 죽은 사실을 주장하면 죄는 우리를 지배할 수 없게 되고 사망은 결코 우리를 이길 수 없기 때문이다. 더 나아가 죄와 사망의 법은 생명의 성령의 법 앞에서는 꼼짝 못하게 된다. 생명의 성령의 법은 죄와 사망의 법으로부터 우리를 해방시키는 강력한 권세의 법이기 때문이다.

죄가 너희를 주장하지 못하리니 이는 너희가 법 아래에 있지 아니하고 은혜 아래 있음이라(롬 6:14).

죄가 기회를 타서 계명으로 말미암아 나를 속이고 그것으로 나를 죽였는지라(롬 7:11).

사망아 너의 승리가 어디 있느냐 사망아 네가 쏘는 것이 어디 있느냐 사망이 쏘는 것은 죄요 죄의 권능은 율법이라 우리 주 예수 그리스도로 말미암아 우리에게 승리를 주시는 하나님께 감사하노니(고전 15:55-57).

그러면 믿음의 법과 생명의 성령의 법이 온 후에 율법은 어떻게 되었는가?

율법은 두 측면이 있다. 그 하나는 신법인 믿음의 법이 오면서 율법이 성취되는 것이다. 그리스도 안에 있는 믿음의 법 안에서 율법은 성취되었다. 예수님이 화목제물이 되어 율법이 정한 죄의 값인 사망의 댓가를 십자가의 죽으심으로 치루시고 부활하심으로 사망의 권세를 깨뜨리셨기 때문이다. 이것은 우리가 율법의 시대에 율법 아래 매여 있다가 믿음의 때가 되어 그리스도가 믿음의 법을 가지고 오자 율법은 초등교사로서 우리를 그리스도에게로 인도하여 넘겨주고 자기 역할을 다 하고 끝내는 것과 같다.

이로써 모든 희생제사와 모든 중보자는 예수 그리스도 안에서 완성되고 폐지되었다. 모든 먹고 마시는 것과 절기와 날과 안식일과 제사와 할례와 철학과 전통과 세상의 규례와 사람의 명령과 가르침은 그리스도 안에서 믿음의 법으로 성취되었다. 행위로는 이룰 수 없었던 율법이 요구하는 의를 그리스도 안에서 믿음의 법으로 의롭다함을 얻음으로써 성취하게 된 것이다.

> 믿음이 오기 전에 우리는 율법 아래에 매인 바 되고 계시될 믿음의 때까지 갇혔느니라 이같이 율법이 우리를 그리스도께로 인도하는 초등교사가 되어 우리로 하여금 믿음으로 말미암아 의롭다 함을 얻게 하려 함이라 믿음이 온 후로는 우리가 초등교사 아래에 있지 아니하도다(갈 3:23-25).
>
> 우리를 거스르고 불리하게 하는 법조문으로 쓴 증서를 지우시고 제하여 버리사 십자가에 못 박으시고(골 2:14).

또 다른 측면은 율법에 나타나 있는 하나님의 거룩함과 의로움과 선하심과 네 이웃 사랑하기를 네 몸과 같이 하라고 한 최고의 법을 완성하는 문제가 있다. 율법에 나타난 하나님의 거룩한 성품과 사랑하라는 최고의 법은 그리스도 안에서 이미 성취되었으나 우리 안에서는 성취되고 완성되어야 할 것으로 남아있다. 우리가 율법 아래 있을 때에는 우리 육체가 연약해서 할 수 없었던 것인데 이제는 생명의 성령의 법을 따라서 성장하고 성령의 열매를 맺음으로써 최고의 법인 사랑 안에서 율법의 요구를 성취하고 완성해 가고 있는 것이다. 율법은 사랑으로 완성되기 때문이다.

> 율법이 육신으로 말미암아 연약하여 할 수 없는 그것을 하나님은 하시나니 곧 죄로 말미암아 자기 아들을 죄 있는 육신의 모양으로 보내어 육신에 죄를 정하사 육신을 따르지 않고 그 영을 따라 행하는 우리에게 율법의 요구가 이루어지게 하려 하심이니라(롬 8:3-4).

> 사랑은 이웃에게 악을 행하지 아니하나니 그러므로 사랑은 율법의 완성이니라(롬 13:10).

믿음의 법 또한 신법인 생명의 성령의 법으로 성취되고 완성된다. 믿음의 법으로 의롭다함을 얻은 새사람은 생명의 성령의 법을 힘입어 죄와 사망의 법에서 해방되고 율법의 요구를 성취하게 되며 최고의 법인 사랑의 법에 이르게 된다. 이와 같이 율법은 믿음의 법으로, 믿음의 법은 생명의 성령의 법으로, 생명의 성령의 법은 사랑의 법으로 성취되고 완성되어 가는 것이다.

역사 가운데로 들어온 성경 속의 법은 하나님의 구원의 역사이며 이 구원의 역사는 한 개인의 구원의 여정에서도 그대로 적용된다. 죄와 사망의 법 아래서 종노릇 하다가 복음을 듣고 믿음의 법으로 의롭다하심과 구원을 받은 새사람은 생명의 성령의 법의 인도함을 따라 사랑의 법에 이르도록 자라가게 된다. 그런데 많은 하나님의 자녀들이 다음 단계의 의로 나아가지 않고 은혜로 말미암아 믿음의 법으로 얻는 의에 머물러 있으려는 경향이 강하다. 믿음으로 구원을 받은 사람이 성령의 법과 사랑의 법으로 나아가지 않고 여기가 좋사오니 하면서 제 자리에 머물러 있게 되면 성숙하지 못한 두 종류 중 하나의 그리스도인이 되기 쉽다.

 그 하나는 모든 것을 '믿습니다'로 시작해서 '믿습니다'로 끝나는 은혜주의자로서 성장하지 않은 어린아이와 같은 그리스도인으로 머무르게 된다. 이것도 은혜고 저것도 은혜다. 서기관과 바리새인보다 더 나은 하나님 나라의 백성으로서의 실제적인 의의 삶은 없다. 마음을 새롭게 함으로 변화되는 하나님의 성품과 성령의 열매를 맺지 못하는 것이다.

 다른 하나는 율법과 초등학문과 전통으로 돌아가서 말씀과 성령이 없는 종교적인 율법주의자가 되는 것이다. 율법주의자는 믿음으로 얻은 의를 나타내기 위해서는 다시 율법을 지키는 행위가 따라야 한다고 생각한다. 행함이 없는 믿음은 죽은 믿음이기 때문에 율법을 행함으로 믿음을 증명하려고 한다. 의롭다함을 얻는 것까지는 믿음의 법으로 하였지만 실제의 의를 이루고 쌓는 것은 다시 율법을 행함으로 해야 한다고 생각하는 것이다. 이들은 성령으로 성취되고 열매 맺는 것을 알지 못한다.

이러한 율법주의는 자기 의를 쌓는 것에 불과하다. 초대교회 당시에도 갈라디아 성도들이 그랬다. 바울은 그들에게 어리석은 사람들이라고 책망하였다(갈 3:1). 성령이 아닌 율법과 자기 의로는 하나님의 의를 결코 이룰 수 없다.

CHAPTER 2
죄와 사망의 법 그리고 율법

죄는 무엇인가
죄는 지체 속에서 일한다
사망의 법
의(義)의 법
율법과 세상의 초등학문

죄는 무엇인가

요한복음 8장은 간음하다 현장에서 잡혀 온 여인에 대한 이야기이다. 이 여인을 놓고 벌이는 서기관과 바리새인들의 예수님과의 논쟁은 죄가 무엇인가에 대한 본질적인 통찰력을 주고 있다.

먼저 서기관과 바리새인에게 죄는 무엇인가?

그들은 죄를 모세의 율법을 어기는 것으로 정의하고 있다. 그래서 여인이 간음한 행위는 율법이 정한 죄에 해당되기 때문에 돌로 쳐서 죽이는 것이 마땅한 것이다. 예수님도 율법이 정한 죄에 대하여 인정하신다.

> 너희 중에 죄 없는 자가 먼저 돌로 치라(요 8:7).

이 말씀은 그 누구도 율법이 말하는 죄가 없는 자는 없다는 말씀일 것이다.

그래서 이 말을 들은 사람들은 모두 그 자리를 떠났다.

어느 누가 율법 아래 죄 없는 자이겠는가!

율법은 정죄하고 고발한다. 돌을 들어 던지고 심판한다.

그러나 예수님은 더 이상 그 여인을 정죄하지 않으시고 다시는 죄를 범하지 말라 말씀하시고 돌려보내신다. 그런 다음 예수님은 죄의 문제를 여기서 중단하지 않고 "진리를 알지니 진리가 너희를 자유롭게 하리라"(요 8:32)는 말씀으로 끌고 가서 유대인들과 죄에 대하여 논쟁을 계속 하신다. 예수님은 율법이 정하고 있는 행위로 드러나는 것 이상의 죄의 본질을 말씀하고 싶으셨던 것이다.

예수님이 죄의 본질을 드러내고 정의하시기 위해 사용하신 방법은 대조와 논쟁이었다. '빛과 어둠'(요 8:12), '하늘과 세상' 또는 '위와 아래'(요 8:23-24), '자유와 매임,' '아들과 종'(요 8:31-36), '하나님의 자녀와 마귀의 자녀'(요 8:37-59)를 대비시키신다. 자유를 말씀하심으로써 유대인들이 스스로 종의 문제를 꺼내게 하시고 종의 문제를 죄와 마귀에게로 끌고 가신다. 죄를 범하는 것은 죄의 종이기 때문이고 죄의 종이 된 것은 마귀의 자녀이기 때문이라는 죄의 원류에 대해서 말씀하신 것이다. 죄를 범해서 죄인이 된 것이 아니라 어둠에 속했기 때문에, 세상에 속했기 때문에, 아래(땅)에서 태어났기 때문에, 죄의 종이기 때문에, 마귀의 자녀이기 때문에 죄를 범하는 것임을 밝히 드러내신 것이다.

> 예수께서 또 말씀하여 이르시되 나는 세상의 빛이니 나를 따르는 자는 어둠에 다니지 아니하고 생명의 빛을 얻으리라 (요 8:12).

> 예수께서 이르시되 너희는 아래에서 났고 나는 위에서 났으며 너희는 이 세상에 속하였고 나는 이 세상에 속하지 아니하였느니라 그러므로 내가 너희에게 말하기를 너희가 너희 죄 가운데서 죽으리라 하였노라 너희가 만일 내가 그인 줄 믿지 아니하면 너희 죄 가운데서 죽으리라(요 8:23-24).

예수님은 죄의 본질이 율법을 범한 행위의 문제가 아니라 소속의 문제임을 말씀하신 것이다. 율법은 죄를 죄 되게 할 뿐 죄는 이미 오래 전에 있었고 그 근원이 마귀인 것이다. 따라서 마귀에게 속하여 마귀로부터 난 자는 율법의 행위와 관계없이 이미 죄의 종으로서 어둠의 세상에 속하여 죄 가운데 살다가 그 죄로 죽게 되는 것이다.

현장에서 간음하다가 붙잡혀 온 여인은 간음을 해서 죄인이 된 것이 아니라 죄에 속한 죄의 종이었기 때문에 죄를 범한 것이다. 생명의 빛에 속하여 빛을 따르면 어둠에 다니지 않게 된다. 빛이 어둠을 물리치는 것이다. 그 반대 개념은 성립되지 않는다. 죄를 범하지 않고 어둠에 다니지 않는다고 해서 빛에 속하여 빛을 따르게 되는 것이 아니다. 진리를 알고 아들의 자유를 얻어야만 영원히 집에 거하게 되는 것이다.

> 예수께서 대답하시되 진실로 진실로 너희에게 이르노니 죄를 범하는 자마다 죄의 종이라 종은 영원히 집에 거하지 못하되 아들은 영원히 거하나니 그러므로 아들이 너희를 자유

롭게 하면 너희가 참으로 자유로우리라(요 8:34-36).

그럼 죄는 무엇인가?

죄는 단순히 율법을 범한 행위 그 자체가 아니다. 그것은 죄의 열매일 뿐이다. 죄는 마귀에게 속한 것이고 마귀의 자녀로 태어난 것이다. 마귀에게는 하나님이 없고 진리가 없다. 마귀는 거짓말쟁이다. 마귀의 이러한 타락한 성품과 거짓이 죄다. 마귀에게 속한 것이 죄다. 죄를 범해서 마귀에게 속한 것이 아니고 마귀에게 속하여 죄의 종이 되었기 때문에 죄를 짓는 것이다.

좋은 나무는 아름다운 열매를 맺고 못된 나무는 나쁜 열매를 맺는다. 좋은 나무가 나쁜 열매를 맺을 수 없고 못된 나무가 아름다운 열매를 맺을 수 없는 것이다(마 7:17-18). 마귀에게 속한 마귀의 본성이 죄다. 이 말은 하나님께 속하지 않은 것, 하나님께 미치지 못한 것, 하나님이 없는 것, 진리에 속하지 않은 것이 죄라는 말과 같다. 하나님께 속한 것만이 진리이고 빛이고 생명이기 때문이다.

> 너희는 너희 아비 마귀에게서 났으니 너희 아비의 욕심대로 너희도 행하고자 하느니라 그는 처음부터 살인한 자요 진리가 그 속에 없으므로 진리에 서지 못하고 거짓을 말할 때마다 제 것으로 말하나니 이는 그가 거짓말쟁이요 거짓의 아비가 되었음이라(요 8:44).

다윗이 훌륭한 것은 그의 믿음이나 순종보다는 죄가 무엇인지를 알았던 사람이기 때문일 것이다. 다윗이 밧세바를 범하고 그의 남편 우리아를 죽인 것은 큰 범죄임에 틀림없다. 다윗은 나단 선지자의 책망을 들었을 때 그 범죄를 하나의 행위로 보거나 실수로 보지 않았다. 그래서 그는 그 행위 자체를 회개하거나 다시는 죄를 짓지 않을 사람처럼 변명하거나 결심한 것이 아니다. 그는 범죄한 행위 하나하나가 아닌 죄의 본질을 보았다. 자신이 죄 가운데서 죄의 체질을 가지고 태어난 죄의 종이라는 것을 알았던 것이다. 그래서 그는 하나님께 죄에 속한 그 실상을 고백하고 하나님의 은혜를 구했던 것이다.

> 무릇 나는 내 죄과를 아오니 내 죄가 항상 내 앞에 있나이다 (시 51:3).

> 내가 죄악 중에서 출생하였음이여 어머니가 죄 중에서 나를 잉태하였나이다(시 51:5).

다윗은 하나님이 종교적인 제사를 기뻐하지 않으신다는 것을 알았다. 율법적인 행위가 죄의 본질이 아닌 것처럼 종교적 행위로 죄를 해결할 수도 없거니와 하나님을 기쁘시게 할 수도 없다. 하나님은 아브라함의 자녀라 하면서 종교적인 행위를 붙잡고 있는 사람이 아니라 진리로 자유롭게 된 아들의 상한 심령을 기뻐하신다. 죄는 행위나 도덕이나 종교의 차원이 아니다. 죄는 진리를 알고 하나님께 속하는 차원의 문제다. 그래서 하나님은 단순히 하나의 행위만을 고치는 것이 아니다. 깨끗한 마음을 창조하시고 정직한 영을 새롭게 하신다. 죄의 본질은 영과 마음의 문제이기 때문이다.

> 주께서는 제사를 기뻐하지 아니하시나니 그렇지 아니하면 내가 드렸을 것이라 주는 번제를 기뻐하지 아니하시나이다 하나님께서 구하시는 제사는 상한 심령이라 하나님이여 상하고 통회하는 마음을 주께서 멸시하지 아니하시리이다 (시 51:16-17).

> 하나님이여 내 속에 정한 마음을 창조하시고 내 안에 정직한 영을 새롭게 하소서(시 51:10).

죄는 지체 속에서 일한다

죄는 단순히 죽어있는 대상으로서의 행위가 아니라 살아서 움직이고 일하는 주체로서의 마귀의 타락한 인격이고 성품이고 본성이고 성질이다. 죄는 마귀로부터 나와서 사람을 자기에게 굴복시켜 결국은 죄의 종노릇하게 만든다.

그럼 이와 같은 죄는 어디서 어떻게 일(역사)하는가?

죄는 놀랍게도 사람의 지체 속에 자리 잡고 산다. 지체는 사람의 몸(肉, body)의 각 부분들을 일컫는다. 지체로 번역된 헬라어 소마(σωμα)는 뼈와 살과 피를 포함하는 보통의 몸을 의미한다. 이와 관련하여 육신(肉身, flesh)으로 번역되는 헬라어 사륵스(σάρξ)는 피와 뼈를 제외한 살이나 고깃덩어리를 의미한다. 육욕이나 죄성과 연관되어 말하려 할 때는 주로 사륵스, 즉 육신이란 말을 사용하였다.

이 책에서는 육신이란 말을 지체와 하나가 되어 지체를 통하여 나타나는 죄의 어떤 성질을 의미하는 뜻으로 사용하겠다. 즉 육신은 죄가 지체 가운데 거하면서 지체와 결합되어 나타나는 죄성인 것이다. 죄는 하나의 인격으로서 우리 지체 중에 거하면서 활동하고 작용하고 일하고 속이는 것이다.

> 내 지체 속에서 한 다른 법이 내 마음의 법과 싸워 내 지체 속에 있는 죄의 법 아래로 나를 사로잡아 오는 것을 보는도다(롬 7:23).
>
> 우리가 육신에 있을 때에는 율법으로 말미암는 죄의 정욕이 우리 지체 중에 역사하여 우리로 사망을 위하여 열매를 맺게 하였더니(롬 7:5).
>
> 내 속 곧 내 육신에 선한 것이 거하지 아니하는 줄을 아노니 원함은 내게 있으나 선을 행하는 것은 없노라(롬 7:18).

그러면 죄는 지체 속에 거하면서 어떻게 역사하는가?

첫째, 죄는 속이는 방법으로 일한다.

죄는 여전히 기회를 엿보고 있다가 마치 우리가 아직도 율법 아래 있고 자기가 어떤 힘이 있는 것처럼 속여서 죄를 짓게 만든다. 우리가 예전에 율법 아래 있을 때에는 속수무책으로 죄의 종노릇하였는데 이제는 믿음의 법으로 말미암아 율법에 대하여 죽고 은혜 아래 있다는 것을 주장할 수 있게 되었다. 설사 자신이 연약하고 넘어졌다 할지라도 죄가 율법조항을 들어가며 "거봐 너는 죄인이야," "너는 별 수 없어"라고 말하는 그 속삭임에 속아 넘어가서는 안 된다.

죄의 권능은 율법이다(고전 15:56). 죄는 율법을 들어 속이고 넘어뜨린다. 일곱 번 넘어져도 여덟 번 일어나는 자가 의인이다(잠 24:16). 이미 그리스도와 함께 죄에 대하여, 율법에 대하여, 세상에 대하여 십자가에 못박혀 죽었다는 것과 이제 그리스도께서 자기 안에 사신다는 것을 믿는 믿음으로 살아야 한다. 속지 않으면 죄는 더 이상 주장하지 못한다.

> 죄가 기회를 타서 계명으로 말미암아 나를 속이고 그것으로 나를 죽였는지라(롬 7:11).
>
> 내가 그리스도와 함께 십자가에 못 박혔나니 그런즉 이제는 내가 산 것이 아니요 오직 내 안에 그리스도께서 사신 것이

라 이제 내가 육체 가운데 사는 것은 나를 사랑하사 나를 위하여 자기 몸을 버리신 하나님의 아들을 믿는 믿음 안에서 사는 것이라(갈 2:20).

둘째, 죄는 마음의 법과 싸우는 방법으로 역사한다.

죄가 거하는 우리 몸의 지체는 전쟁터와 같다. 죄의 법이 거하는 장소이고 죄의 정욕이 역사하는 곳이며 마음의 법과 싸우는 곳이다(롬 7:23). 죄의 법이 지배하는 육신에는 선한 것이라곤 하나도 거하지 않는다. 마음의 법은 각 사람의 마음에 새겨진 도덕율을 말한다. 마음의 법은 선을 행하기 원하지만 선을 행할 능력이 없다. 죄의 법은 선을 행하기 원할 뿐 실제로는 아무런 능력이 없는 마음의 법에 싸움을 거는 것이다.

대부분의 많은 사람들이 마음의 선한 뜻과 도덕심과 굳은 결심으로 싸워 보지만 백전백패하고 만다. 육신이 연약해서 마음의 법으로는 죄의 법과 싸워 이길 능력이 없기 때문이다. 그래서 의인은 없나니 하나도 없는 것이다(롬 3:10). 마음에 새겨진 도덕율인 마음의 법 자체는 행동규범과 판단기준이 될 뿐 죄의 법을 이길 수 있는 생명이나 능력이 있는 것이 아니다. 더 큰 능력의 법이 와야 한다.

셋째, 죄는 구습을 따르는 옛사람의 습관대로 살게 한다.

믿음의 법으로 새사람이 되었다 할지라도 우리 안에는 여전히 옛사람이 있어서 죄의 종일 때 중독되었던 죄의 습관을 따라 살려고 하는 육체의 소욕이 일어난다. 옛사람은 옷과 같다. 옷은 벗어버리면 그만이다. 두껍게 입은 죄의 습관의 옷을 하나하나씩 벗어버리면 된다. 그런데 여기서 그치면 안 된다. 헌옷을 벗었으면 마음을 새롭게 하는 새 옷을 입어야 한다. 새 옷을 입지 않으면 벌거벗은 상태로 있게 되고 제자리로 돌아가게 된다.

새 옷은 하나님을 따라 의와 진리의 거룩함으로 지으심을 받은 새사람이다. 벗은 만큼 새사람의 옷을 입으면 죄의 습관은 어느새 사라지고 새로운 거룩한 습관으로 살게 된다. 습관을 따라 죄의 욕심에 순종하여 몸을 불의의 무기로 내주면 죄는 우리 몸을 지배하게 된다. 반면에 의의 병기로 하나님께 드리면 죄는 더 이상 주장하지 못하게 되는 것이다. 이것이 은혜 아래 있는 자의 능력이다.

> 너희는 유혹의 욕심을 따라 썩어져 가는 구습을 따르는 옛사람을 벗어 버리고 오직 너희의 심령이 새롭게 되어 하나님을 따라 의와 진리의 거룩함으로 지으심을 받은 새사람을 입으라(엡 4:22–24).

> 그러므로 너희는 죄가 너희 죽을 몸을 지배하지 못하게 하여 몸의 사욕에 순종하지 말고 또한 너희 지체를 불의의 무기로 죄에게 내주지 말고 오직 너희 자신을 죽은 자 가운데

서 다시 살아난 자 같이 하나님께 드리며 너희 지체를 의의 무기로 하나님께 드리라 죄가 너희를 주장하지 못하리니 이는 너희가 법 아래에 있지 아니하고 은혜 아래에 있음이라 (롬 6:12-14).

사망의 법

죄의 법이 사망의 법인 것은 죄의 삯은 사망이기 때문이다(롬 6:23). 죄는 사망의 독침이다(고전 15:55-56). 사망이 죄라는 독침을 쏘아서 죄를 범하게 만들고 그 결과로 사람을 죽게 만드는 것이다. 그래서 성경에서는 이렇게 말씀한다.

한번 죽는 것은 사람에게 정해진 것이요 그 후에는 심판이 있으리니(히 9:27).

이것이 사망의 법이다. 한 사람 아담의 범죄로 말미암아 들어온 사망이 모든 사람들에게 왕 노릇하는 것이다(롬 5:17). 예수님은 이렇게 사망이 왕 노릇 하는 세상에 오셨고 성경은 사망이 왕 노릇 하는 이 세상을 흑암과 사망의 땅이라고 말씀한다.

스불론 땅과 납달리 땅과 요단강 저편 해변 길과 이방의 갈릴리여 흑암에 앉은 백성이 큰 빛을 보았고 사망의 땅

> 과 그늘에 앉은 자들에게 빛이 비치었도다 하였느니라
> (마 4:15–16).

이와 같이 죄와 사망의 법은 죽이는 법이다. 죄와 사망의 법은 마귀의 법이고 마귀가 세상을 지배하는 법이다. 죄가 거짓의 아비 마귀로부터 나온 것처럼 사망 또한 마귀로부터 나온 것이다. 마귀는 사망의 권세를 잡고 이 세상을 지배한다.

마귀는 이 사망의 법을 가지고 어떻게 이 세상과 사람을 지배하는가?

첫째, 사망의 법은 사람이 일생 동안 죽음을 무서워하고 두려워하면서 살아가게 만든다.

일평생 사망에 매여 사망의 종노릇 하는 것이다. 얼마나 많은 사람들이 죽음을 두려워하며 사는가!

> 자녀들은 혈과 육에 함께 속하였으매 그도 또한 같은 모양으로 혈과 육을 함께 지니심은 죽음을 통하여 죽음의 세력을 잡은 자 곧 마귀를 멸하시며 또 죽기를 무서워하므로 한평생 매여 종노릇 하는 모든 자들을 놓아 주려 하심이니(히 2:14–15).

둘째, 사망의 법은 죽을 몸을 통해 사망의 맛을 보며 살게 한다.

우리는 아직 부활의 몸을 입지 못하고 죽을 몸 안에서 산다. 부활하지 않은 이 죽을 몸 안에서 사는 것 자체가 고난이다. 몸은 날로 낡아

지고 노화하고 또 병들기도 한다(고후 4:16). 몸의 노화와 질병과 연약함은 사망에 속한 것들이다.

몸이 낡아지지 않고 병들지 않고 연약해지지 않는 사람이 어디 있겠는가!

이것이 죽음을 맛보며 사는 것이다. 이 세상의 대부분의 사람들이 평생을 온갖 질병으로 고통받으며 살고 있다.

> 그의 소문이 온 수리아에 퍼진지라 사람들이 모든 앓는 자 곧 각종 병에 걸려서 고통 당하는 자, 귀신 들린 자, 간질하는 자, 중풍병자들을 데려오니 그들을 고치시더라(마 4:24).

바울은 이 죽을 몸 안에 살고 있는 우리의 실존적인 모습을 매우 실감나게 묘사하고 있다. 마치 '장막 집을 짊어진 자'와 같고(고후 5:1-4) '사망의 몸에 갇힌 자'와 같다(롬 7:24)고 말한다. 그래서 그리스도인들은 이 세상에 사는 동안 탄식하며 몸의 부활을 소망으로 기다리는 것이다(롬 8:18-25).

셋째, 사망의 법은 저주를 통해 고통과 질병과 파멸을 가져오고 인생을 도둑질한다.

저주는 어떻게 시작되었는가?

저주는 아담과 하와가 죄를 지은 후에 뱀과 땅이 저주를 받은 것으로부터 시작되었다. 땅은 저주를 받아 가시덤불과 엉겅퀴를 냈고 아담은 저주받은 땅에서 땀 흘려 수고하여야 그 소산을 먹을 수 있게 되었고 결국 사망의 법을 따라 흙으로 돌아가야 했다(창 3:14-19). 이와 같이 저주는 죄와 악의 결과인 사망과 사망에 속한 것들에 묶어 매이게 하는 것을 말한다. 즉 고통과 질병과 가난과 파멸에 붙잡아 매고 묶어서 그 가운데서 고통스럽게 살게 만드는 것이다. 신명기 28장은 저주가 어떻게 오며 저주의 결과가 무엇인지에 대해서 잘 말해 주고 있다.

> 네가 악을 행하여 그를 잊으므로 네 손으로 하는 모든 일에 여호와께서 저주와 혼란과 책망을 내리사 망하며 속히 파멸하게 하실 것이며 여호와께서 네 몸에 염병이 들게 하사 네가 들어가 차지할 땅에서 마침내 너를 멸하실 것이며 (신 28:20-21).

저주는 죄와 악으로 말미암아 오는 것이며 저주의 결과는 고통과 질병과 파멸로 나타난다는 것을 알 수 있다. 예수님은 이 세상에는 생명과 재물을 도둑질하는 도둑이 있다고 말씀하셨다(요 10:10; 마 6:19). 도둑은 저주의 전령과 같다. 죄와 사망의 법은 저주의 덫을 쳐놓고 그 덫에 걸려 넘어진 자들에게 도둑을 보내어 인생을 도둑질해 간다.

도둑이 와서 우리에게서 도둑질 해 가는 것은 무엇인가?

잠언은 하나님이 우리 인생에게 주신 가장 소중한 것 네 가지가 있는데 그것을 빼앗아 간다고 말씀한다.

> 두렵건대 네 존영이 남에게 잃어버리게 되며 네 수한이 잔인한 자에게 빼앗기게 될까 하노라 두렵건대 타인이 네 재물로 충족하게 되며 네 수고한 것이 외인의 집에 있게 될까 하노라 두렵건대 마지막에 이르러 네 몸, 네 육체가 쇠약할 때에 네가 한탄하여 말하기를 내가 어찌하여 훈계를 싫어하며 내 마음이 꾸지람을 가벼이 여기고(잠 5:9-12).

먼저 존영(尊榮)을 빼앗아 간다. 존영은 존귀와 영광을 말한다. 사람은 본래 하나님의 형상을 따라 존귀하고 영광스런 존재로 창조되었다. 지혜가 충만하고 빛이 새벽같이 비치며 하나님의 영광이 호위하는 그런 존재인 것이다. 사람이 인생에서 이러한 존영을 도둑맞아 잃어버리게 되면 얼마나 초라하게 되는가!

다음은 수한(壽限)을 잔인한 자에게 빼앗기게 된다. 하나님께서 주신 연수대로 장수하지 못하고 생명을 도둑맞아 잃게 되는 것을 말한다. 얼마나 많은 사람들이 하나님이 주시는 장수의 축복을 누리지 못하고 악한 자에게 목숨을 빼앗겨 소중한 생명을 단축시키고 있는가!

또한 소중히 모은 재물을 빼앗기게 된다. 재물을 도둑맞는다는 것은 자기가 수고하여 얻은 재물을 다른 사람에게 빼앗기는 것을 말한다. 빼앗은 자는 풍족하게 살고 빼앗긴 자는 빚진 자가 되어 가난하게 살게 된다. 설령 부자로 살지라도 만족을 누리지 못하고 사는 것은 도둑맞은 것이나 마찬가지다.

그리고 몸의 건강을 잃고 질병으로 쇠약하게 된다. 몸이 도둑맞으면 몸은 급속하게 쇠약하게 되고 질병으로 고통 받게 된다. 이렇게 도둑은 틈만 주면 우리 인생에 찾아와서 알지도 못하는 순간에 우리의 소중한 것들을 도둑질하고 죽이고 멸망시키는 것이다.

넷째, 사망의 법은 우는 사자와 같이 마귀의 간계로 나타난다.

마귀는 그의 세력인 통치자들과 권세들과 어둠의 세상 주관자들과 하늘에 있는 악의 영들을 동원하여 간계로 그리스도인들을 대적한다. 마귀는 우는 사자같이 삼킬 자를 찾아다닌다(벧전 5:8). 마귀의 세력들은 눈에 보이지 않은 세력들이다. 하나님의 전신갑주를 입고 주의 말씀과 능력으로 대적하여 싸우지 않으면 패배하여 고통의 덫에 떨어지고 만다.

> 마귀의 간계를 능히 대적하기 위하여 하나님의 전신갑주를 입으라 우리의 씨름은 혈과 육을 상대하는 것이 아니요 통치자들과 권세들과 이 어둠의 세상 주관자들과 하늘에 있는 악의 영들을 상대함이라(엡 6:11-12).

이 모든 사망의 법은 결국 어떻게 되는가?

믿음의 법과 생명의 성령의 법이 오면서 무력화 된다. 사망의 법은 예수 그리스도로 말미암아 점차 그 권세를 잃게 되는 것이다.

첫째, 예수님이 이 세상에 오셔서 천국복음을 전하시기 시작하면서 사망의 법은 예수님의 권세에 의해서 추방되기 시작한다.

예수님은 이 땅에 오셨을 때 천국복음만 전하신 것이 아니라 사망의 법으로 귀신들린 자와 각종 질병으로 고통받는 자들을 고치셨다. 이것은 마귀가 지배하는 사망의 땅에 하나님 나라의 통치가 임하였음을 선포하시는 것이다.

> 예수께서 그의 열두 제자를 부르사 더러운 귀신을 쫓아내며 모든 병과 약한 것을 고치는 권능을 주시니라(마 10:1).

둘째, 예수 그리스도가 채찍에 맞으시고 십자가의 죽으심으로 인하여 사망의 법으로 인한 모든 저주는 속량되었고 연약함과 질병은 나음을 입었다(벧전 2:24).

> 그리스도께서 우리를 위하여 저주를 받은바 되사 율법의 저주에서 우리를 속량하셨으니 기록된바 나무에 달린 자마다 저주 아래 있는 자라 하였음이라(갈 3:13).

셋째, 예수님이 죽으신 후 부활하심으로써 죽음의 세력을 잡고 사람들로 하여금 일생 동안 죽음을 두려워하게 만드는 마귀와 사망의 권세와 사망의 법을 무력화시키시고 멸하셨다.

> 자녀들은 혈육에 함께 속하였으매 그도 또한 같은 모양으로 혈과 육을 함께 지니심은 죽음을 통하여 죽음의 세력을 잡은 자 곧 마귀를 멸하시며 또 죽기를 무서워하므로 한 평생에 매여 종노릇하는 모든 자들을 놓아 주려 하심이니 (히 2:14-15).

넷째, 예수님이 부활하시고 승천하신 후 하늘과 땅의 모든 권세를 가지시고 성령으로 함께 하심으로써 교회와 그리스도인은 성령의 은사와 기도의 능력과 예수의 이름으로 귀신을 내어쫓고 병을 고치고 사망의 권세를 대적하여 물리칠 수 있게 되었다.

> 또 내가 네게 이르노니 너는 베드로라 내가 이 반석 위에 내 교회를 세우리니 음부의 권세가 이기지 못하리라(마 16:18).

> 믿는 자들에게는 이런 표적이 따르리니 곧 그들이 내 이름으로 귀신을 쫓아내며 새 방언을 말하며 뱀을 집어올리며 무슨 독을 마실지라도 해를 받지 아니하며 병든 사람에게 손을 얹은즉 나으리라 하신지라(막 16:17-18).

다섯째, 마지막으로 예수님이 강림하셔서 모든 원수를 그 발 아래 두실 때 사망은 둘째 사망인 불 못에 영원히 던져지게 된다.

> 그가 모든 원수를 그 발 아래에 둘 때까지 반드시 왕 노릇 하시리니 맨 나중에 멸망 받을 원수는 사망이니라 (고전 15:25-26).

> 사망과 음부도 불못에 던져지니 이것은 둘째 사망 곧 불못 이라(계 20:14).

의(義)의 법

하나님의 의(義)는 하나님의 어떠하심의 한 부분이다. 우리는 하나님의 어떠하심을 참으로 알기 어렵다. 하나님께서 자신을 나타내시는 만큼 밖에는 알 수 없다.

하나님의 의(義)는 무엇인가?

하나님의 의는 어떻게 알 수 있는가?

우리는 어떻게 하나님의 의에 이를 수 있는가?

우리는 의(義)라는 말을 아주 익숙하게 사용하고 있지만 실제로는 의가 무엇인지 알기는 쉽지 않다. 설명하기도 어렵다. 의뿐만 아니라 거룩, 자비, 긍휼, 선, 사랑, 영광 등과 같이 사람의 언어로 계시하여 주신 하나님의 어떠하심은 각각을 구분하여 그 깊이와 높이와 넓이와 길이의 차원을 우리의 지각으로 온전히 헤아리거나 알기는 쉽지 않은 것이다.

그러면 거룩, 자비, 긍휼, 선, 사랑, 영광 등과 구분되는 하나님의 어떠하심의 한 부분인 하나님의 의(義)는 무엇인가?

먼저 성경말씀으로 알게 된 것은 의(義)를 구원의 기준으로 나타내 주셨다는 것이다. 즉 의롭게 되는 것이 하나님께 도달하는 기준이 된 것이다. 다른 말로 표현하면 의는 우리가 하나님께 가고자 할 때 하나님의 온전하심 중에서 우리에게 가장 가까이 보여주신 하나님의 어떠하신 성품이다. 의는 우리가 하나님께 속할 수 있는 어떠함의 기준인 것이다. 하나님께 속하는 영역을 구분하는 울타리가 있다고 생각해 보자. 하나님의 영역 안으로 들어가는 경계선인 이 울타리를 하나님의 의라 말할 수 있다.

하나님은 보이지 않는 이 의를 사람들이 알기 쉽도록 의를 두 개의 그릇에 담아서 내보이셨다. 우리는 하나님이 내민 손에 들려진 의의 그릇을 보고 하나님의 의를 알게 되었다.

첫 번째로 나타내주신 하나님의 의는 율법이라는 그릇이다.

그래서 율법에는 하나님의 의가 나타나 있다고 말씀한다(롬 3:21). 율법에 나타난 의는 법이라는 잣대로 하나님의 의를 나타내고 설명한다. 그래서 사람이 법을 지키고 행하면 그것이 의(義)가

된다. 반대로 법을 행하지 못하는 것은 법을 어긴 것이므로 불법(不法)이 되고 불법은 하나님의 의에 미치지 못하여 곧 불의(不義)가 된다. 이 불의와 불법이 죄(罪)다. 즉 불법을 행하여 하나님의 의에 미치지 못한 것이 죄다. 의가 아닌 것이 죄가 되고 하나님의 의에 도달하지 못한 사람이 죄인(罪人)인 것이다.

> 죄를 짓는 자마다 불법을 행하나니 죄는 불법이라(요일 3:4).

그럼 율법을 행하면 의롭게 되어 하나님의 의에 도달할 수 있는가? 그렇다. 만약에 우리가 율법을 다 행할 수 있다면 하나님의 의에 이르게 될 것이다. 율법은 신령하고 거룩하고 의로우며 선하기 때문이다(롬 7:12, 14).

> 하나님 앞에서는 율법을 듣는 자가 의인이 아니요 오직 율법을 행하는 자라야 의롭다 하심을 얻으리니(롬 2:13).

많은 사람들이 율법을 행해도 의롭다함을 얻을 수 없다고 생각하지만, 위 말씀처럼 율법을 행하는 자는 의롭다 하심을 얻을 수 있다. 하나님의 의가 나타난 율법을 행하였으므로 하나님의 의에 도달하게 되는 것이다.

그럼 왜 율법으로는 의롭다함을 얻을 수 없다고 하는가?

그것은 율법의 문제가 아니라 사람의 문제다. 사람이 육신이 연약하여 율법을 행할 수 있는 능력을 원천적으로 상실하였기 때문이다. 율법대로 행하면 의롭다함을 얻을 수 있지만 율법을 행할 능력이 없는 것이다(롬 3:20).

그 누가 율법에 기록된 모든 일을 항상 행할 수 있겠는가!

그래서 율법 안에서 의롭다함을 얻으려고 하는 사람은 그리스도에게서 끊어지고 은혜에서 떨어지게 된다(갈 5:4). 율법을 행할 능력이 없는 사람에게 율법을 주신 것은 율법을 행하여 의롭다함을 얻으라고 주신 것이 아니라 율법을 도저히 행할 수 없음을 알라고 주신 것이다. 초등교사인 율법을 통해 죄를 깨달아 알고 의롭다함을 얻을 수 있는 믿음의 법으로 나아가도록 율법을 주셨기 때문이다.

> 무릇 율법 행위에 속한 자들은 저주 아래에 있나니 기록된 바 누구든지 율법 책에 기록된 대로 모든 일을 항상 행하지 아니하는 자는 저주 아래에 있는 자라 하였음이라(갈 3:10).

> 믿음이 오기 전에 우리는 율법 아래에 매인 바 되고 계시될 믿음의 때까지 갇혔느니라. 이같이 율법이 우리를 그리스도께로 인도하는 초등교사가 되어 우리로 하여금 믿음으로 말미암아 의롭다 함을 얻게 하려 함이라(갈 3:23-24).

두 번째로 율법에 이어 하나님의 의를 나타내 주신 그릇은 예수 그리스도다.

율법으로는 의롭다 함을 얻을 수 없을 뿐만 아니라 오히려 죄가 드러나서 정죄되고 심판 아래 묶이게 되었다. 율법으로는 하나님의 의가 어떤 것인지를 알수 있을 뿐 그 의에 도달할 수는 없었다. 그래서 의롭게 되는 다른 길이 필요했고 하나님의 의가 다른 방법으로 나타나야 했다. 이것이 예수 그리스도를 통해 나타내 주신 복음이다. 복음에 나타난 의는 예수 그리스도를 믿음으로 의롭다함을 얻는 의다. 율법에서 정한 법조문을 행함으로 얻는 의가 아니고 믿음으로 얻는 의이기 때문에 모든 사람에게 차별이 없다.

> 복음에는 하나님의 의가 나타나서 믿음으로 믿음에 이르게 하나니 기록된 바 오직 의인은 믿음으로 말미암아 살리라 함과 같으니라(롬 1:17).

> 이제는 율법 외에 하나님의 한 의가 나타났으니 율법과 선지자들에게 증거를 받은 것이라 곧 예수 그리스도를 믿음으로 말미암아 모든 믿는 자에게 미치는 하나님의 의니 차별이 없느니라(롬 3:21-22).

복음에 나타난 의는 율법과 같은 법조문의 형태로 주신 것이 아니라 살아계신 예수 그리스도의 인격과 생명과 진리의 모습으로 나타내 주셨다. 이는 율법과 같이 법조문으로 주어진 것이 아니라 예수 그리스도가 성육신을 통해 자신의 의를 가지고 우리에게 오신 것이다. 그래서 두 번째 의는 살아있는 인격으로 와서 복음이라는 기쁜 소식(소리)으로 전해졌다. 이 의는 문서로 쓰여진 율법을 행함으로 되는 의가 아니고 하나님으로부터 오신 예수 그리스도 자신이 우리 안에서 지혜와 의로움과 거룩함과 구원함이 되심으로 주어지는 의인 것이다.

> 사람이 마음으로 믿어 의에 이르고 입으로 시인하여 구원에 이르느니라(롬 10:10).

> 너희는 하나님으로부터 나서 그리스도 예수 안에 있고 예수는 하나님으로부터 나와서 우리에게 지혜와 의로움과 거룩함과 구원함이 되셨으니(고전 1:30).

율법과 세상의 초등학문

모세 이전에는 율법이 없었다. 모세를 통하여 율법은 이 세상에 더해진 것이다. 율법이 굳이 없어도 죄는 죄였지만 사람들이 죄를 죄로 여기지 않았기 때문이다(롬 5:13).

그래서 율법을 주신 것은 죄를 죄로 알게 하기 위해서이고 죄를 죄

되게 하여 심판 아래 두기 위함이다.

> 그런즉 율법은 무엇이냐 범법하므로 더하여진 것이라 천사들을 통하여 한 중보자의 손으로 베푸신 것인데 약속하신 자손이 오시기까지 있을 것이라(갈 3:19).

> 그런즉 우리가 무슨 말을 하리요 율법이 죄냐 그럴 수 없느니라 율법으로 말미암지 않고는 내가 죄를 알지 못하였으니 곧 율법이 탐내지 말라 하지 아니하였더라면 내가 탐심을 알지 못하였으리라(롬 7:7).

율법은 하나님의 의가 들어있는 의의 법이다. 그러나 의롭게 하는 법이 아니다. 죄를 알게 하는 법이고 의를 알게 하는 법이다. 행위로는 하나님의 의에 도달할 수 없음을 알게 하는 법이다. 만약 율법을 행할 수 있다면 의롭게 될 수 있지만 육신이 연약하여 율법을 행할 능력이 사람에게는 없다는 것을 알게 하는 법이다. 그래서 율법은 의롭게 하는 다른 법이 오면 그에게로 넘겨주는 역할을 하고 자기는 물러나는 초등교사인 것이다. 마치 초등학교 교사가 학생을 잘 가르친 다음에 중학교로 보내주는 것과 같다. 계속해서 초등학교에 붙잡아 두면 안 되는 것과 같이 율법이 의롭게 하는 예수 그리스도의 복음이 왔는데도 계속 율법의 정죄와 심판 아래 붙잡아 두면 안 되는 것이다.

모든 희생제사와 제사장에 의한 중보와 같은 초등교사로서의 율법은 예수 그리스도 안에서 완성되고 그 효력이 폐지되었다. 여기에 속하는 것들은 세상학문과 철학과 사람의 명령과 가르침과 규례와 먹고 마시는 것과 절기와 초하루와 안식일과 꾸며낸 겸손과 천사숭배와 같은 것들이다(골 2:8, 16-23). 이런 것들은 자의적 숭배와 겸손과 몸을 괴롭게 하는 데는 지혜 있는 모양이지만 육체의 소욕을 금하는 데는 조금도 유익이 없는 것들이다. 영이요 생명인 말씀과 성령을 따라 행하는 것들이 아니기 때문이다. 이와 같은 전통과 율법주의를 따르는 것은 이 세대를 본받는 것이고 한 때 쓰이다가 없어지는 유행과 같은 것들이다. 그렇기 때문에 붙잡지도 맛보지도 만지지도 말라는 율법에 대한 3금(三禁)을 말씀한 것이다(골 2:20-23).

세상의 초등학문과도 같은 율법은 교회의 제도화와 종교화로 나타난다. 오늘날 교회의 제도화와 종교화는 심각하다. 제도화와 종교화는 크게 신성화와 시각화의 두 가지 방향으로 나타나고 있다. 이 세상에 신성한 것은 없다. 피조물이나 사람이나 사물이나 제도나 권력이나 그 어떤 것도 신성하지 않다. 하나님이신 예수님이 영으로 오시지 않고 성육신하신 것은 사람들이 신성화한 모든 것을 파괴하신 것이고 본래 신성한 것은 없다는 것을 드러내신 것이다.

따라서 하나님과 사람 사이에 신성한 것으로 여겨 거룩할 성(聖)자를 붙인 성직과 성직자와 성전과 성물 같은 것은 없다. 신성한 장소와 시간도 없다. 예루살렘 성전이든지 산당이 있는 사마리아의 어떤 산이든지 예배드릴 장소로 구별된 신성한 곳이 아니다(요 4:21). 주일이라는 날이 신성하고 거룩한 날이라서 주일의 예배가 신성하고 거룩한 것이 아니라 거룩한 사람들(聖徒)이 모여서 영과 진리로 드리는 예배이기 때문에 거룩한 것이다.

성찬식이 사효론(事效論)이나 화체설(化體說)과 같이 빵과 포도주가 신성해서 성찬식이 아니라 성도(聖徒)들이 그리스도의 살과 피에 참여하여 먹고 마시며 기념하기 때문에 거룩하다. 성례전도 마찬가지다. 성직자와 성도들을 나누고 신성한 것과 신성하지 않는 것을 구분하여 신성화 하는 것은 보이지 않는 영이신 하나님을 보이는 것들 속으로 가져와서 예수 그리스도를 세상의 초등학문으로 대체하는 것이고 종교화 하는 것과 같다.

이와 같은 신성화는 시각화로 연결된다. 시각화와 이미지화는 말씀과 성령으로 계시되는 진리를 심각하게 파괴하는 일이다. 이것은 마치 썩어지지 아니하는 하나님의 영광을 썩어질 것으로 바꾸는 것과 같다(롬 1:23). 하나님은 영이시기 때문에 영과 진리로 예배해야 하는데 보이는 것과 우상으로 예배하려는 것과 같은 것이다(요 4:24; 롬 1:21-25).

자크 엘륄(Jacques Ellui)은 『굴욕당한 말』(*La parole humiliée*, [대전: 대장간, 2014])에서 '교회가 현대사회의 시각적인 우상인 돈과 국가와 기술이라는 권세와 지배의 침범을 용인한 것과 그리스도인 스스로가 머리와 개념 속에서 시각화한 하나님에 대한 표상(이미지)의 심각성'에 대하여 말하고 있다. 이로써 "하나님의 말씀(진리)이 시각화와 상징체계화 되면서 계시와 믿음을 종교와 행위(도덕)로 변형시키게 되었고 교권신학, 법제화, 제도화, 전례의식 등이 교회에 형성되었다"고 한다.

 교회는 눈에 보이지 않는 성령과 말씀과 교제를 통해 모든 신령한 것들이 머리되신 예수 그리스도로부터 공급되고 하나님이 자라게 하심으로 자란다. 교회는 성도들의 믿음이 말씀과 성령의 나타나심과 능력이 아닌 눈에 보이는 큰 교회와 건물과 의식(儀式)과 조직체계와 프로그램과 상징체계에 의존하지 않도록 경계해야 한다. 그리스도로 말미암지 않은 모든 것들과 그리스도를 대체하거나 대신하려는 모든 것들은 교묘하게 속이는 것들이고 세상의 초등학문이고 우상숭배와 같은 것이다.

> 머리를 붙들지 아니하는지라 온 몸이 머리로 말미암아 마디와 힘줄로 공급함을 받고 연합하여 하나님이 자라게 하시므로 자라느니라(골 2:19).

CHAPTER 3
믿음의 법

복음
말의 그릇에 담긴 복음
믿음은 하나님을 아는 분량이다
아버지와 아들
하나님과의 관계 조정
믿음의 효력

복음

인류는 모세를 통해 하나님의 의가 나타나 있는 율법을 받은 이후로 율법으로는 죄를 더하고 정죄될 뿐 의롭다함을 얻을 수 없다는 절망 앞에 서게 된다. 율법을 붙잡을수록 죄와 사망의 법 아래 묶여 죄의 종노릇을 할뿐 하나님의 진노를 피할 길이 없음을 알았다. 유대인들이 율법을 가지고 할 수 있는 일이라곤 자기들이 같은 일을 행하면서 그 율법으로 남을 판단하는 것뿐이었다. 그들은 율법에 있는 지식과 진리의 모본을 가진 교사요 선생으로서 율법을 자랑할 수는 있었지만 행할 능력은 없었던 것이다. 오히려 자신들이 율법을 범함으로써 하나님을 욕되게 하는 자가 되었다.

> 그러므로 남을 판단하는 사람아, 누구를 막론하고 네가 핑계치 못할 것은 남을 판단하는 것으로 네가 너를 정죄함이니 판단하는 네가 같은 일을 행함이니라(롬 2:1).

> 율법을 자랑하는 네가 율법을 범함으로 하나님을 욕되게 하느냐(롬 2:23).

스스로 죄를 범하고 하나님의 심판을 받는 것은 율법이 있는 자나 없는 자나 다를 것이 없다. 율법이 있는 자로 범죄한 자는 그 율법으로 심판을 받게 되고 율법 없이 범죄한 자는 그 마음에 새겨진 법이 율법(마음의 법)이 되고 양심이 그 증거가 되어 심판을 받게 된다. 인류에게는 스스로의 힘으로는 더 이상 의롭게 될 소망이 없고 하나님의 진노의 심판을 피할 길이 없게 되었다. 의롭게 될 수 있는 다른 법(길)이 와야만 하는 것이다.

드디어 하나님의 때가 찼고 이스라엘과 온 인류가 기다리던 의롭다 함을 얻을 수 있는 다른 법(길)이 왔다. 흑암과 절망과 사망의 땅에 빛이 비치었다. 이것은 이 세상에 기쁜 소식(good news)이었다. 이 기쁜 소식은 천사들에 의해 목자들에게 처음으로 전해졌다. 모세를 통해 돌판에 새긴 율법처럼 쓰여진 글이나 문자가 아니었다.

인류가 의롭다함을 얻으려면 율법의 방식과는 전혀 다른 새로운 방식이 필요했다. 새로운 방식은 사람이 의를 행할 능력이 조금도 없다는 것을 알았기 때문에 사람의 힘을 조금도 의존하지 않는 길이어야 했다. 그래서 율법의 조문처럼 행함으로써 얻는 의가 아닌 듣고 믿음으로 의롭다함을 얻는 전혀 새로운 길이 온 것이다. 이 새로운 길은 행해야 하는 법조문이 아니라 듣고 믿으면 되는 소식이고 음성이었다. 그래서 이것을 기쁜 소식이라는 뜻의 유앙게리온(εὐαγγέλιον), 즉 복음(福音)이라 부른다.

> 그 지역에 목자들이 밤에 밖에서 자기 양떼를 지키더니 주의 사자가 곁에 서고 주의 영광이 저희를 두루 비추매 크게 무서워하는지라 천사가 이르되 무서워 말라 보라 내가 온 백성에게 미칠 큰 기쁨의 좋은 소식을 너희에게 전하노라 오늘날 다윗의 동네에 너희를 위하여 구주가 나셨으니 곧 그리스도 주시니라(눅 2:8-11).

이 복음에는 하나님의 의가 나타나 있다(롬 1:17). 복음에 들어있는 의는 율법처럼 법조문으로 나타난 것이 아니고 살아계신 예수 그리스도로 나타났다. 하나님의 아들 예수 그리스도가 하나님의 의를 가지고 오신 것이다. 그래서 복음의 내용은 예수 그리스도다. 복음이 예수 그리스도이고 예수 그리스도가 복음이다.

> 이제는 율법 외에 하나님의 한 의가 나타났으니 율법과 선지자들에게 증거를 받은 것이라 곧 예수 그리스도를 믿음으로 말미암아 모든 믿는 자에게 미치는 하나님의 의니 차별이 없느니라(롬 3:21-22).

그럼 예수님은 하나님의 의를 어떻게 나타내셨는가?

사람은 죄를 범하여 하나님께 갈 수 없게 되었다. 그래서 예수님이 대신 화목제물이 되어 십자가의 피로써 모든 사람의 죄를 속량하심으로써 하나님께 가는 의의 길을 내신 것이다. 이것이 복음이다. 예수 그리스도가 그의 피로 우리의 죄의 값을 대신 짊어지고 의롭다함을 얻는 믿음의 길을 내셨다는 이 소식이 복음이다. 이제 우리는 이 소식을 듣고 믿음으로 의롭다함을 얻는 것이다. 이 복음은 듣고 믿음으로 의롭다함을 얻기 때문에 믿음의 법이라 부른다. 믿음의 법은 복음을 믿음으로 의롭다함을 얻는 법이다.

> 그런즉 자랑할 데가 어디냐 있을 수가 없느니라 무슨 법으로냐 행위로냐 아니라 오직 믿음의 법으로니라 그러므로 사람이 의롭다 하심을 얻는 것은 율법의 행위에 있지 않고 믿음으로 되는 줄 우리가 인정하노라(롬 3:27-28).

말의 그릇에 담긴 복음

그런데 여기서 다시 강조할 것은 복음(福音)은 소리이고 음성이고 소식이라는 것이다. 복음이 소리라는 말은 소리 자체가 복음이라는 것이 아니라 복음은 말(소리)이라는 그릇에 담겨서 전달된다는 뜻이다. 소식은 전하는 내용이 있고 전달하는 사람의 말이 있다. 복음은 율법과 달리 문자나 글이 아니라 살아계신 예수 그리스도의 생명이고 말씀이고 인격이기 때문에 죽어있는 의문(儀文)을 행하는 것으로 얻어지는 것이 아니라 영이요 생명인 말씀을 들음으로써 얻게 되는 것이다.

> 그러므로 믿음은 들음에서 나며 들음은 그리스도의 말씀으로 말미암느니라(롬 10:17).

> 문지기는 그를 위하여 문을 열고 양은 그의 음성을 듣나니 그가 자기 양의 이름을 각각 불러 인도하여 내느니라(요 10:3).

진리와 말씀은 본질적으로 말이다. 하나님은 말씀하시는 분이다. 하나님이 말씀하시는 그 말씀이 영이고 생명이다. 하나님은 말에 하나님의 의와 생명과 능력을 담아서 말씀하신다. 하나님은 "있으라"는 말씀으로 천지를 창조하셨고(창 1:3), 예수님은 큰 소리로 "나사로야 나오라"고 부르시는 그 말씀으로 나사로를 살리셨다(요 11:43-44). 물론 문자로 기록된 성경말씀은 성령의 감동으로 된 살아계신 하나님의 말씀인 것은 두말할 필요가 없다.

그러나 기록된 성경말씀이 덮여진 책으로 그대로 있으면 문자이고 글일 뿐이다. 성령으로 말미암아 살아있는 말씀으로 읽혀지고 말해지고 들려져야 한다. 세례요한은 "광야에서 외치는 자의 소리"였다(요 1:23). 그래서 복음과 말씀은 입술로 말해지고 전해져야 하는 것이다. 예수님은 제자들과 그들의 말을 듣고 믿게 될 사람들을 위해서 기도하셨다. 믿음은 들음에서 나기 때문에 전파하는 자가 없으면 말씀을 들을 수 없고 듣지 못하면 믿을 수 없게 된다. 그래서 좋은 소식을 전하는 자들의 발이 아름답다고 했다.

> 내가 비옵는 것은 이 사람들만 위함이 아니요 또 그들의 말로 말미암아 나를 믿는 사람들도 위함이니(요 17:20).

> 그런즉 그들이 믿지 아니하는 이를 어찌 부르리요 듣지도 못한 이를 어찌 믿으리요 전파하는 자가 없이 어찌 들으리요 보내심을 받지 아니하였으면 어찌 전파하리요 기록된 바 아름답도다 좋은 소식을 전하는 자들의 발이여 함과 같으니라(롬 10:14-15).

믿음은 하나님을 아는 분량이다

예수 그리스도 안에 있는 믿음의 법으로 말미암아 마음으로 믿어 의에 이르고 입으로 시인하여 구원에 이르게 된다(롬 10:10). 행위가 아닌 믿음으로 의롭다함을 얻게 된 것이다.

그럼 믿음이란 무엇인가?

믿음이란 말은 너무나 익숙하게 쓰는 말이라 알 듯 하면서도 막상 정의하여 말하기란 쉽지 않다. 그만큼 오해되고 잘못 쓰이는 경우가 많은 것도 사실이다.

어떤 사람이 '믿음이 있다,' '믿음이 없다' 또는 '믿음이 좋다'고 할 때 그 근거가 되는 기준은 무엇인가?

기도를 많이 하고 기도응답을 잘 받는 사람이나 교회와 선교에 헌신하여 모든 예배와 모임에 참석하고 헌금을 많이 하고 직분을 맡아

교회를 섬기는 일을 잘 하는 사람이 믿음이 독실한 사람인가?

믿음에 대해서 말할 때 떠오르는 의미로는 간절함, 기대, 확신, 소원, 신뢰, 헌신, 열심, 정성과 같은 단어로 표현되는 것들이다. 믿음이란 말에 이런 의미가 포함되어 있는 것은 사실이지만 이것으로 충분하지 않다는 것도 사실이다. 히브리서는 믿음을 "바라는 것들의 실상이요 보이지 않는 것들의 증거"(히 11:1)라고 말하고 있다.

실제로는 오늘 여기에 실재하지 않고 보이지 않는 것이지만 믿음이 있다는 것은 그것이 실재하는 실상과 증거와 같은 것이라는 의미의 말씀이다. 믿음은 이미 바라는 실상을 창조하고 있는 것이다. 믿음이 단순히 간절함, 기대, 확신, 소원, 신뢰, 헌신, 열심, 정성과 같은 어떤 추상적인 개념이거나 명분이 아니라 손에 잡히는 실체가 있는 것이라고 말하고 있는 것이 분명하다.

이와 같이 믿음이란 말은 없는 것을 믿는 추상적인 개념이 아니라 믿는 그 대상이 있다는 것을 이미 전제하고 있다. 그러므로 믿음의 가장 중요한 요소는 실존하는 믿음의 대상의 어떠함을 아는 것이다. 믿음의 대상이 누구인지를 잘 알지 못한다면 그 믿음은 막연한 것이고 실체가 없는 것이 된다. 믿음은 그 대상의 실상을 손으로 만지듯 아는 것이다.

그럼 그 자체가 실상이고 증거이며 실체가 되는 그런 믿음은 무엇인가?

성경에서 말하는 믿음에는 세 가지 차원이 있다. 먼저 믿음의 대상인 예수 그리스도가 있고, 그 다음으로 예수 그리스도를 아는 믿음이 있고, 그 결과로 나타나는 삶으로서의 믿음이 있다. 이 세 차원의 믿음을 잘 보여주는 말씀이 갈라디아서 2:16이다.

> 사람이 의롭게 되는 것은 율법의 행위로 말미암음이 아니요 오직 예수 그리스도를 믿음으로 말미암는 줄 알므로 우리도 그리스도 예수를 믿나니 이는 우리가 율법의 행위로써가 아니고 그리스도를 믿음으로써 의롭다 함을 얻으려 함이라 율법의 행위로써는 의롭다 함을 얻을 육체가 없느니라(갈 2:16).

> Knowing that a man is not justified by the works of the law, but by the faith of Jesus Christ, even we have believed in Jesus Christ, that we might be justified by faith of Christ, and not by he works of the law: for by he works of the law no shall no flesh be justified(Gal 2:16, KJV).

첫 번째 차원의 믿음은 예수 그리스도의 믿음이다.

우리말 성경은 "오직 예수 그리스도를 믿음으로 말미암는"으로 번역하고 있으나 헬라어 성경이나 영어 성경은 "예수 그리스도의 믿음"(the faith of Jesus Christ) 또는 "예수 그리스도 안에 있는 믿음"(the faith in Jesus Christ)으로 표현되고 있다.

이 믿음은 우리의 믿음과 관계없이 이미 2천 년 전에 믿음의 법으로 오셔서 의의 법을 성취하신 예수 그리스도의 십자가의 죽으심과 부활하심과 승천하심의 복음을 말한다. 이 믿음은 우리가 관여하거나 만든 것이 아니다. 하나님이 예수 그리스도로 말미암아 성취하신 역사적인 사건이고 객관적 사실이다. 이 믿음은 예수 그리스도가 만드신 믿음의 길이고 모든 자에게 차별이 없는 믿음의 법이다.

두 번째 차원의 믿음은 "알므로"(knowing)라고 표현된 것처럼 예수 그리스도를 아는 믿음이다.

그러면 우리는 어떻게 예수 그리스도를 알게 되었는가?

우리는 어떻게 하나님을 믿게 되었는가?

믿음은 우리 안에서 만들어진 것이 아니다. 예수 그리스도의 믿음이 먼저 있었고 이 믿음이 우리 안으로 들어 온 것이다. '믿는다'라는 말이 마치 우리가 스스로 믿음을 갖고 믿기로 결심했다는 것같이 들리지만 이것은 믿는 사람의 입장에서 표현된 말이다. 사실 우리는 죄와 사망의 법 아래서 죽었고 어두어졌기 때문에 하나님을 스스로는 알 수도 없고 믿을 수도 없는 자였다(엡 2:1).

우리에게 있는 믿음이 우리 자신이 믿기로 작정한 형식으로 나타나지만 사실은 이미 우리가 명확하게 인식하지 못한 그 어느 날 하나님이 '믿어진 것'이라는 표현이 더 정확한 말일 것이다.

예수 그리스도의 계시를 받은 자 외에는 아버지를 알 수 있는 자는 없기 때문이다(마 11:27). 예수 그리스도를 영접하고 그 이름을 믿는 자들은 혈통이나 육정이나 사람의 뜻으로 나지 아니하고 오직 하나님께로부터 난 자들인 것이다(요 1:12-13).

지금 만약 하나님과 예수 그리스도를 알고 믿는 믿음이 있다면 그것은 언젠가 이미 하나님이 바람 같은 성령으로 찾아오셔서 우리 안에서 자기를 계시하시고 나타내신 결과이다. 그래서 믿음은 선물이라고 한다. 아무런 조건 없이 은혜로 주어진 것이기 때문이다. 믿음은 우리의 결단과 의지의 결과라기보다는 하나님의 의지와 계획과 부르심의 결과인 것이다. 우리 마음에 성령으로 하나님을 아는 빛을 비추시고 그 하나님을 아는 것에 우리가 자발적으로 동의하고 고백하는 것으로 믿음이 표현되는 것이다.

> 너희는 그 은혜에 의하여 믿음으로 말미암아 구원을 받았으니 이것은 너희에게서 난 것이 아니요 하나님의 선물이라 행위에서 난 것이 아니니 이는 누구든지 자랑하지 못하게 하려 함이라(엡 2:8-9).

사실 우리는 하나님이 찾아오시는 순간에 이를 알기는 어렵다. 특별한 계시가 있다면 알 수도 있겠지만 대부분의 사람들은 얼마의 시간이 지난 다음에야 알게 된다. 그것은 우리가 어머니로부터 태어난 순간에 자기가 태어나고 있다는 것을 인식하지 못하고 시간이 지난 후에 나이를 먹어서야 엄마로부터 태어난 것과 아빠가 있는 것과 형제들이 있다는 것을 알게 되는 것과 같다. 우리는 이처럼 육으로나 영으로나 알지 못하는 중에 태어나는 것이고 자라면서 점점 알아가는 것이다.

예수님은 제자들과 많은 시간을 지내신 후에 "너희는 나를 누구라 하느냐"(마 16:15)라는 가장 중요한 질문을 던지셨다. 예수 그리스도가 누구인지를 아는 것이 믿음의 가장 중요한 본질이기 때문이다.

그래서 바울은 지혜와 계시의 영으로 말미암아 하나님을 알게 해 달라고 기도했다(엡 1:17). 우리가 믿음을 가진다는 것은 우리에게 나타나셔서 자신을 보여 주시고 자신을 알리시는 하나님을 아는 것이고 하나님의 뜻을 알아가는 것이다. 그래서 믿음은 어느 순간의 믿음으로 고정되는 것이 아니라 하나님을 알아가는 분량만큼 계속 자라고 커지는 것이다. 하나님을 아는 만큼의 분량이 믿음의 분량이라고 말할 수 있다.

그렇기 때문에 믿음이 있다는 것을 하나님을 아는 것 외의 다른 어떤 종교적인 것으로 증명하려 하면 안 된다. 기도하는 시간의 양이나 헌신의 정도나 교회 일에 대한 열심 같은 것이 믿음의 본질이 아니기 때문이다. 이런 것들은 하나님을 아는 믿음의 결과로 나올 수는 있어도 그 자체가 하나님을 아는 분량이라고 말할 수는 없는 것이다. 결심하거나 헌신하거나 해서 믿음이 자라는 것이 아니라 하나님을 알아가는 것으로 자라는 것이기 때문에 먹든지 마시든지 무엇을 하든지 하나님을 알아가는 것을 놓치면 안 된다. 하나님의 온전하신 성품에까지, 그리고 예수 그리스도의 장성한 분량에까지 자라가는 것이 믿음이고 믿음의 여정인 것이다.

세 번째 차원의 믿음은 예수 그리스도를 아는 믿음의 분량이 삶으로 나타나는 삶의 믿음이다.

삶의 믿음은 우리가 통상 말하는 신앙생활이라 할 수 있다. 신앙생활은 우리가 예수 그리스도를 아는 분량의 자연스러운 표현이다. 아는 것이 앞서고 신앙생활이 뒤 따른다. 그러므로 하나님과 예수 그리스도를 아는 믿음이 없이 종교적인 신앙생활이 앞서지 않도록 주의해야 한다. 신앙생활은 예수 그리스도와 그를 아는 믿음을 담는 그릇과 같은 것이다. 담아내는 그릇이 중요하지만 예수 그리스도와 그를 아는 내용이 없는 형식적인 신앙생활이 되면 그것은 단지 또 다른 종교이고 율법일 뿐이다.

아버지와 아들

우리가 잘 아는 누가복음 15:11-32에 나오는 탕자 이야기는 돌아온 탕자의 이야기이기도 하지만 본질적인 핵심 주제는 아버지와 두 아들의 관계에 대한 이야기라 할 수 있다. 이 이야기는 "어떤 사람에게 두 아들이 있는데"(눅 15:11)로 시작한다.

아버지와 두 아들의 관계에서 두 아들이 각각 아버지를 알아가는 경로가 다를 뿐 그 여정은 별반 차이가 없다. 둘째 아들은 아버지를 떠나 먼 나라로 갔고 큰 아들은 아버지와 같이 한 집에 있었다는 것의 차이일 뿐이다. 둘 다 아버지를 잘 알지 못했다는 점에서는 똑같으며 그런 점에서 둘째가 집나간 탕자라면 첫째는 집에 머무른 탕자라고 해도 무방하다.

우리는 아버지를 잘 모른다는 점에서는 모두 탕자인 것이다. 재물의 욕심과 세상에 대한 야망으로 아버지를 떠나간 둘째 아들처럼 우리도 어렸을 적에는 철없는 선택을 하곤 한다. 또는 집에 머물며 아버지를 섬기고 그 명을 어김없이 지킨 큰 아들처럼 순종을 하는 삶을 살기도 하지만 그렇다고 하여 아버지의 사랑을 충분히 알고 풍성한 삶을 누리는 것도 아니다. 하나님을 떠나서 이 세상의 온갖 방식으로 살면서 성공한다고 해서 하나님을 알 수 있는 것이 아닌 것처럼 도덕적이고 종교적인 헌신의 삶을 산다고 하여 아버지인 하나님을 온전히 잘 알 수 있는 것도 아니다. 이 이야기는 아버지를 알 수 있는 더 좋은 방식이 있는 것이 아니며 삶의 목적과 믿음의 정수는 삶의 여정에서 아버지가 누구인가를 알아가는 과정이라는 것을 보여주고 있는 것이다.

우리는 이 두 아들과 같다. 믿음으로 산다는 것이 삶의 여정에서 하나님을 더 알아가는 하나님과의 친밀한 관계인데 두 아들은 아버지와의 관계에는 아무런 관심이 없다. 둘째 아들은 오직 나가서 사업을 하고 성공해서 많은 재물을 버는 데에만 관심이 있다. 그래서 미리 유산을 받아서 먼 나라로 떠나간다. 아버지는 그의 인생에서 그리 중요한 요인은 아니다. 우리가 처음 믿음을 가졌을 때 하나님 자신보다는 그 믿음으로 받는 기도응답과 세상의 많은 일들과 가족에 대한 축복과 성공 등에 관심을 갖는 것과 다를 바가 없다. 아버지는 오직 사업의 기반이 되는 유산을 공급해 주시는 분으로 대할 뿐이다.

둘째 아들은 먼 나라로 갔고 허랑방탕하여 재산을 모두 낭비하게 되었고 흉년이 들고 궁핍하게 되어 돼지농장에 취직하였으나 돼지가 먹는 쥐엄 열매조차 먹을 수 없게 된다. 이때서야 비로소 그는 아버지를 생각하게 된다. 언감생심 아들이라 말하는 것은 염치없는 짓이고 품꾼의 하나로라도 받아들여져서 배불리 먹을 수 있기만을 바라는 처지가 되었다. 바로 이 실패와 고통의 자리가 아버지를 찾고 아버지가 누구인가를 알게 되는 지점인 것처럼 우리 또한 이와 같은 여정을 통해서 하나님을 알게 되고 그 아는 만큼의 분량으로 믿음을 갖게 되는 것이다.

이런 둘째 아들에 대하여 아버지는 어떻게 했는가?

아들을 측은히 여기셨다. 거리가 먼데도 달려 나가 목을 껴안고 입을 맞추고 제일 좋은 옷으로 입히고 손에 가락지를 끼우고 발에 신을 신기신다. 그리고 송아지를 잡아 잔치를 벌이고 먹고 즐기신다. 이것이 아버지이신 하나님의 모습이다. 우리가 무엇을 받을만해서 주시는 것이 아니다. 우리가 어떤 자격이나 조건이 되어서 주시는 것이 아니다. 우리에게는 받을만한 아무것도 없다. 오직 하나님 자신의 신실하신 성품과 사랑과 기쁘신 뜻으로 주시는 것이다. 믿음은 이런 하나님을 알아가는 것이다. 믿음은 '믿습니다'로 하나님을 감동시켜서 무엇을 받고 이루는 것이 아니라 하나님이 어떤 분이신가를 아는 것이다.

그런데 이렇게 허랑방탕하고 돌아온 동생에게 잔치를 베풀어준 아버지에게 화가 난 큰 아들이 있다.

그는 왜 화가 났는가?

자기는 집에서 아버지와 함께 있으면서 아버지를 섬겨 열심히 일하고 아버지의 명을 순종하여 어김없이 지켰는데도 그동안 아버지는 친구들과 즐기도록 염소새끼 한 마리 잡아주지 않으셨다. 그런데 허랑방탕하고 돌아온 동생에게 잔치를 베풀어 주시는 아버지를 도저히 이해할 수 없는 것이다. 그래서 큰아들은 '어떻게 나에게 이럴 수 있습니까'라고 항의하는 것이다. 그러자 아버지는 "내 것이 다 네 것이 아니냐"(눅 15:31)라고 말씀하신다. 그렇다. 이 큰 아들은 아버지와 함께 있었지만 진정 아버지를 알지는 못했다. 아버지의 사랑을 알지도 누리지도 즐기지도 못했다. 아버지 것이 다 자기 것임을 몰랐던 것이다.

그뿐 아니다. 아버지가 허랑방탕한 동생을 사랑하는 것에 대해서도 이해할 수 없었다. 큰 아들에게 동생은 사랑받을 자격이 없는 형편없는 인간일 뿐이다. 동생과 비교하여 자기는 아버지로부터 재산과 잔치상을 받을만한 자격과 조건을 다 갖추고 있다고 생각하는 것이다. 그는 아버지를 진정 알지 못했고 사랑으로 안 것이 아니다.

우리는 얼마나 많이 큰 아들 같은 태도로 하나님을 믿고 있는가!

열심과 헌신과 순종하는 겉모습만으로 많은 사람들을 판단하고 비교한다. 마치 큰 아들처럼 순종하여 살면 하나님으로부터 더 큰 축복을 받을 수 있다고 생각한다. 하나님을 알지 못하면 여기 큰 아들과 같이 믿음과 순종이라는 이름으로 사랑 없는 종교적 열심과 헌신으로 살게 된다. 믿음은 비교하거나 증명하는 것이 아니다. 믿음은 하나님을 알아가고 사랑하는 것이다.

우리는 어떠한 믿음으로 하나님께 나아가고 있는가?

믿음은 아버지와 아들의 관계와 같다. 믿음은 단순히 어떤 신념이나 확신이 아니라 인격적인 관계다. 아들이 성장하면서 점차 아버지를 더 많이 알아가듯 믿음은 하나님을 알아가는 일생의 여정인 것이다.

하나님과의 관계 조정

우리가 태어나서 한 사람으로 성장해 가는 과정을 보면 흥미로운 것을 발견할 수 있다. 갓 태어난 한 아이는 제일 먼저 엄마의 존재를 인식하면서 자란다. 어렸을 때에는 자기와 엄마의 관계가 전부였을 것이다. 점점 커 가면서 서너 살이 되면 자기만 있는 것이 아니라 형도 있고 동생도 있다는 것을 알게 되면서 엄마가 자기만의 엄마가 아니라는 것을 알게 된다. 그러면서 엄마와 아빠의 관심과 사랑을 더 받기 위한 방법을 끊임없이 찾게 된다.

더 성장하여 학교에 다니고 사회생활을 하면서 엄마가 누군가의 아내이고, 아빠가 누군가의 남편이라는 것을 알게 된다. 또한 엄마 아빠도 누군가의 딸이고 아들이며 누군가의 형제이고 친구라는 것도 알게 된다. 더 성숙하여 어른이 되면 어머니가 한 여자이고 아버지가 한 남자라는 것과 각각 독립된 한 사람이라는 것을 알게 된다.

이렇게 한 사람이 성장한다는 것은 관계를 맺고 있는 사람을 점점 더 많이 알아가면서 아는 만큼 그 관계가 끊임없이 조정된다는 것을 알 수 있다. 이것이 자유로운 인격을 가진 존재 간의 정상적인 인격적인 관계일 것이다.

만약 성장해서도 엄마에 대해서 어렸을 때 모든 것을 다 해 주는 엄마로만 알고 독립적인 한 존재로서의 엄마를 이해하지 못한다면 어떻게 되겠는가?

성장하는 만큼 엄마를 더 깊이 알아가지 못하고 어릴 때와 같은 모습으로 의존적인 관계를 계속 한다면 엄마를 진정으로 알지 못하는 마마보이 같은 정신적 어린아이로 머물러 있게 될 것이다. 믿음의 여정에서도 마찬가지다. 하나님을 알고 믿은 이후로 하나님을 더 이상 아는데서 자라가지 않는다면 그리스도 안에서 여전히 젖이나 먹는 영적인 어린아이로 남아 있게 되는 것이다.

> 때가 오래 되었으므로 너희가 마땅히 선생이 되었을 터인데 너희가 다시 하나님의 말씀의 초보에 대하여 누구에게서 가르침을 받아야 할 처지이니 단단한 음식은 못 먹고 젖이나 먹어야 할 자가 되었도다 이는 젖을 먹는 자마다 어린아이니 의의 말씀을 경험하지 못한 자요 단단한 음식은 장성한 자의 것이니 그들은 지각을 사용함으로 연단을 받아 선악을 분별하는 자들이니라(히 5:12-14).

아브라함의 믿음의 여정은 하나님을 알아가면서 끊임없이 하나님과의 관계를 조정해 간 좋은 예가 될 것이다. 아브라함은 부르심 받은 처음부터 하나님을 잘 아는 믿음의 사람이었던 것은 아니다. 우리들과 마찬가지로 특별할 것 없는 평범한 사람이었다.

그러면 아브라함은 하나님을 어떻게 알아갔고 그 관계를 어떻게 조정해 갔는가?

첫째 단계는 하나님이 아브라함을 찾아오셔서 처음으로 하나님을 알게 되었을 때이다(창 11:27-32).

아브라함이 갈대아인의 우르에 있을 때 하나님이 찾아오신다. 아브라함은 하나님이 누구인지 전혀 몰랐다. 하나님은 자신을 나타내시고 알게 하시고 아브라함이 아비 친척 고향집을 떠나 가나안 땅으로 가길 원하셨다. 아브라함은 갈대아인의 우르를 떠났으나 가나안까지는 가지 못하고 아버지 데라가 죽을 때까지 하란에 머문다. 아브라함은 하나님을 잘 알지 못했고 아직은 부모를 떠날 만큼의 믿음이 있었던 것이 아니었던 것이다. 아버지 데라가 죽고 그가 75세가 되어서야 하란을 떠날 수 있었다. 이미 갈대아인의 우르에서 하나님을 처음 만난 후 상당한 기간이 지난 후였다. 아브라함의 자발적이고 적극적인 의지와 결단과 책임으로 떠났다기보다는 아브라함을 불러내신 하나님의 적극적인 의지와 계획이 작용한 결과였다.

둘째 단계는 하나님의 약속을 따라 가나안 땅에 들어갔을 때이다 (창 12:1-14:24).

아브라함은 가나안 땅에 들어가기는 했지만 하나님의 약속에 대해서 확신할 수는 없었다. 기근이 나자 하나님을 의지하기보다는 애굽으로 내려갔고 아내 사라로 인해 위기에 처하게 되었다. 자기를 죽이고 아내를 빼앗길 것이 두려워져서 아내를 누이라 속임으로써 위기를 모면하고자 했다. 그런데 하나님은 아브라함의 이러한 연약함에도 불구하고 아브라함을 지키시고 보호하시고 부를 얻게 해 주신다. 아브라함의 믿음과 신실함에 관계없이 은혜를 베푸시는 하나님 자신의 사랑과 약속에 대한 신실하심 때문이었다. 하나님의 구원과 부르심이 아브라함에게 있지 않고 하나님 자신에게 있음을 가르쳐 주시고 알게 하시는 것이다.

아브라함은 하나님에 대해서 더 많이 배우고 알 필요가 있었다. 애굽에서 가나안 땅으로 돌아온 이후로도 자손에 대한 하나님의 약속은 이루어지지 않고 지연되었다. 조카 롯의 분가와 포로로 붙잡혀 가는 사건도 발생하였다(창 13:1-14:16). 아브라함은 계속해서 불확실성의 현실에 직면하게 되었다. 아브라함은 하나님의 약속에 대한 의심과 믿음 사이에서 갈등할 수밖에 없게 된다. 하나님과의 관계에 대한 혼돈의 시기인 셈이다.

셋째 단계는 갈등과 의심의 불확실성 가운데 있는 아브라함에게 하나님이 다시 찾아오신다(창 15:1-17:27).

하나님은 이전의 약속을 확인하고 언약식을 통해 더욱 확고하게 세우심으로서 아브라함이 하나님을 더 알고 한 걸음 더 내딛게 하신다. 이 단계에서 비로소 아브라함은 하나님을 믿게 되었고 하나님께 의롭다하심을 얻게 된다(창 15:6). 그러나 아브라함은 아내 사라가 출산하지 못하는 것을 알았고 자신도 점점 나이를 더해 가는데도 하나님의 약속이 더디 이루어지는 상황에 대해서 하나님을 충분히 이해하지는 못했다. 결국 아브라함은 자신이 하나님의 약속을 이해하는 만큼의 믿음의 분량을 따라 자신의 방식으로 문제해결에 나선다. 아내 사라의 여종인 하갈을 취하여 이스마엘을 낳는 것이다.

그러나 이스마엘은 하나님이 약속하신 아들이 아니었고 그로 인해 오히려 가족의 갈등과 많은 고통을 겪게 되었다. 그런데 놀랍게도 하나님은 이런 아브라함을 내치지 않으셨고 이스마엘도 긍휼히 여기셔서 큰 민족을 이루는 축복으로 대하신다. 아브라함은 하나님을 더 많이 경험하고 알게 되었지만 여전히 해소되지 않은 혼돈과 고통과 무기력한 삶의 여정을 살아야 했다. 하나님이 성취하시는 약속의 때를 잠잠히 기다리는 것을 배워야 했다.

넷째 단계는 아브라함이 자기 몸으로는 자손을 낳을 수 없는 99세가 되어 더 이상 자손에 대한 아무런 소망이 없을 때이다(창 18:1-21:34).

이 단계는 하나님의 사자들이 찾아와서 하나님의 능력으로 되는 하나님의 약속을 말하면서 시작된다. 아무것도 할 수 없게 되었을 그때 아브라함은 죽은 것과 같은 몸에서 약속의 아들을 주시겠다고 하시는 하나님을 다시 만난다.

그뿐 아니라 아브라함은 자신을 벗으로 여겨주시는 하나님과 소돔의 심판에 대하여 자신의 의견을 나누기도 한다. 그리고 100세가 되었을 때 아브라함은 하나님의 능력으로 아들 이삭을 낳았고 하나님의 약속은 성취되었다. 아브라함은 없는 것을 있는 것으로 부르시는 하나님의 능력과 약속을 반드시 성취하시는 하나님의 신실하심에 대해서 알게 되었다(롬 4:17-22). 아브라함은 지난 25년 이상의 많은 시간 동안 하나님께서 인도하신 여정을 돌아보며 하나님의 의지와 사랑과 신실하심을 더 깊이 알게 되었다.

다섯째 단계는 하나님께서 이삭을 바치라고 했을 때 다시 살리실 하나님을 알고 기꺼이 바치는 데까지 나가는 단계이다(창 22:1–25:11).

우리는 아브라함이 이삭을 바친 믿음의 결과만을 본다. 그 믿음의 분량에 이르기까지 인생의 많은 시간동안 하나님을 알아가는 여정이 있었고 혼돈과 불확실성과 의심이 있었다. 박영선 목사는 『시간 속에서 일하시는 하나님』(서울: 복있는사람, 2011)에서 "이러한 불확실성이 의심으로 작용하게 되는데 이 의심이야말로 무언가를 확인하고 싶어 하는 마음이고 믿음을 놓지 않고 있다는 증거가 된다"라고 말했다.

우리는 믿음의 여정에서 불확실성과 의심과 믿음의 시간을 교차하면서 하나님을 더 많이 더 깊게 알게 되고 아는 분량만큼 끊임없이 하나님과의 인격적인 관계를 조정하면서 앞으로 나가는 것이다. 바울은 우리가 하나님을 아는 것에서 자라고 기쁨으로 모든 견딤과 오래 참음에 이르게 되기를 기도했다.

> 이로써 우리도 듣던 날부터 너희를 위하여 기도하기를 그치지 아니하고 구하노니 너희로 하여금 모든 신령한 지혜와 총명에 하나님의 뜻을 아는 것으로 채우게 하시고 (중략) 하나님을 아는 것에 자라게 하시고 (중략) 기쁨으로 모든 견딤과 오래 참음에 이르게 하시고(골 1:9–11).

믿음의 효력

믿음은 일을 한다. 믿음으로 의롭게 되고 구원을 받고 병을 고치고 기도응답을 받는다. 믿음의 기도는 병든 자를 낫게 한다(약 5:15). 산더러 들리어 바다에 던져지라 하고 믿으면 믿는 그대로 이루어진다(막 11:23).

이와 같이 믿음은 역사하는 능력이 있다. 믿음의 선진들은 이러한 믿음의 증거를 갖고 살았다. 믿음으로 전쟁에서 이기기도 하고 사자들의 입을 막기도 하고 불의 세력을 멸하기도 하고 칼날을 피하기도 했다.

> 그들은 믿음으로 나라를 이기기도 하며 의를 행하기도 하며 약속을 받기도 하며 사자들의 입을 막기도 하며 불의 세력을 멸하기도 하며 칼날을 피하기도 하며 연약한 가운데서 강하게 되기도 하며 전쟁에 용감하게 되어 이방 사람들의 진을 물리치기도 하며(히 11:33-34).

그러나 산을 옮길 만한 모든 믿음이 있을지라도, 내 몸을 불사르게 내어줄지라도 사랑이 없으면 아무 것도 아니라고 말씀한다(고전 13:2-3).

왜 사랑이 없는 믿음이 아무것도 아니라고 말하는가?

믿음은 사랑으로 역사하고 믿음의 효력은 사랑으로 말미암아 나타나기 때문이다.

> 그리스도 예수 안에서는 할례나 무할례나 효력이 없으되 사랑으로써 역사하는 믿음뿐이니라(갈 5:6).

이는 만약에 사랑이 없다면 어떤 결과가 일어날지라도 효력이 없다는 말과 같다. 그리스도 안에서 할례나 무할례가 효력이 없는 것처럼 사랑 없는 믿음은 아무런 효력이 없는 의식이고 종교가 될 수 있다. 주의 이름으로 선지자 노릇하며 주의 이름으로 귀신을 쫓아내며 주의 이름으로 많은 권능을 행한다 할지라도 사랑이 없다면 불법을 행하는 자들이 되고 주님이 알지 못하는 자들이 될 수 있는 것이다(마 7:22-23). 거기에는 하나님도 없고 하나님의 사랑도 없기 때문이다.

그렇기 때문에 믿음, 소망, 사랑은 항상 같이 다닌다(고전 13:13). 믿음, 소망, 사랑은 그만큼 서로 밀접한 관계에 있다는 것을 말한다. 서로 다른 셋이면서 서로 묶여서 하나다. 서로가 서로를 의지하고 채워서 각각이 온전하게 되는 것이다.

그럼 믿음, 소망, 사랑 이 세 가지는 서로 어떻게 작용하고 어떻게 역사하는가?

자동차의 시동을 걸어 먼 길을 운전해서 가려면 엔진의 힘도 좋아야 하고 연료도 가득 차 있어야 하고 방향과 목적지를 알려주는 네비게이션도 있어야 한다. 하나라도 고장나거나 없으면 차를 운전해서 먼 길을 가기 힘들게 된다.

믿음, 소망, 사랑을 이 자동차에 비유하여 상상해 보자. 믿음은 엔진이라 할 수 있고, 사랑은 가솔린 연료와 같고, 소망은 방향과 목적지를 알려주는 네비게이션에 비유할 수 있을 것이다.

엔진의 출력이 좋아야 차가 힘 있게 움직이는 것처럼 믿음은 역사하는 힘이고 능력이다. 그러나 엔진이 아무리 좋을지라도 연료가 없으면 움직이지 못한다. 엔진의 마력이 아무리 높다할지라도 연료가 있어야 움직일 수 있다. 엔진은 스스로 움직일 능력은 없다. 엔진에 에너지를 불어넣어 주는 가솔린이 있어야 한다. 이 가솔린과 같은 에너지가 바로 사랑이다. 믿음이 아무리 좋아도 사랑의 에너지가 없으면 믿음의 역사는 효력이 없는 것이다. 믿음은 사랑으로 역사하기 때문이다. 사랑의 연료를 날마다 가득 채워야 지치지 않고 먼 여정을 달려갈 수 있는 믿음이 생긴다. 그러므로 날마다 성령으로 사랑이 부어지고 새롭게 되어야 한다.

믿음의 열정이 식고 기도의 능력이 사라졌는가?

그렇다면 단지 결단하거나 열심을 내는 것만으로 되는 것이 아니라 바닥난 사랑의 연료를 채워야 한다. 성령과 말씀으로 충만하지 않다면 먼저 사랑이 고갈되지 않았는지를 점검해야 한다. 보이는 형제를 사랑하지 않으면서 보이지 않는 하나님을 사랑할 수는 없는 것이다. 가끔 운전에 집중하다 보면 연료가 떨어지는 것을 모르고 가는 것처럼 믿음으로 사명을 위해 열심히 달려가다 보면 사랑이 고갈된 것을 모르고 헐떡이며 달려갈 수 있다.

사명과 일과 열심에 매여 어느 틈엔가 가까이 있는 사람들을 소홀히 대하고 사랑을 나누지 않고 있는 자신을 발견하게 되지 않는가?

사랑의 연료통을 다시 채워라. 그러면 믿음이 다시 불붙고 기도의 능력이 부어질 것이다. 사랑이 부어지면 불일듯한 믿음의 역사도 다시 일어나게 된다.

그럼 소망은 믿음에게 무엇인가?

소망은 자동차의 네비게이션과 같다. 자동차가 나아갈 방향과 목적지다. 소망이 없으면 인생의 먼 길을 올바로 찾아가기가 쉽지 않다. 방향과 목적지가 분명하면 가는 길이 험하고 좁고 어두울지라도 찾아갈 수 있는 것처럼 소망이 있으면 고난과 고통을 만날지라도 참고 견딜 수 있다. 소망이 영광을 바라고 즐거워하며 견디게 만드는 것이다.

그런데 이 소망이 부끄럽지 아니하고 자랑스러운 것은 성령으로 말미암아 부어주신 하나님의 사랑 때문이다. 사랑이 소망을 붙잡을 힘을 주는 것이다.

이와 같이 믿음, 소망, 사랑은 항상 같이 있으면서 서로 돕고 세워

준다. 각각 일하면서 동시에 함께 하나가 되어 일한다. 믿음, 소망, 사랑 중에 하나라도 없게 되면 혼자로는 급속하게 힘을 잃게 된다.

> 다만 이뿐 아니라 우리가 환난 중에도 즐거워하나니 이는 환난은 인내를, 인내는 연단을, 연단은 소망을 이루는 줄 앎이로다. 소망이 우리를 부끄럽게 하지 아니함은 우리에게 주신 성령으로 말미암아 하나님의 사랑이 우리 마음에 부은 바 됨이니(롬 5:3-5).

그런데 이 세 가지 중에 제일은 사랑이다. 사랑만이 영원하기 때문이다. 믿음도 그치고 소망도 더 이상 필요하지 않을 때가 온다. 예수 그리스도를 얼굴로 볼 때에는 사랑만 남는 것이다(고전 13:12-13).

청결한 마음과 선한 양심과 거짓 없는 믿음은 얼마나 소중한 것인가! 이것들이 더할 나위 없이 소중한 것이지만 말씀이 우리 안에 성취하고자 하는 최종 목적은 사랑이다. 청결한 마음과 선한 양심과 거짓 없는 믿음만으로는 충분하지 않다. 그로부터 나오는 사랑에까지 나아가야 한다. 하나님은 사랑이고 믿음은 하나님을 아는 것이기 때문이다.

> 이 교훈의 목적은 청결한 마음과 선한 양심과 거짓이 없는 믿음에서 나오는 사랑이거늘(딤전 1:5).

CHAPTER 4
마음의 법

영과 혼과 몸
영과 혼과 몸이 깨지다
옛사람과 새사람
새사람의 실존적 실상
마음의 법
자기 의(義)
마음을 새롭게 함으로 변화를 받는다는 것

영과 혼과 몸

바울은 예수님이 다시 오실 때 우리의 영과 혼과 몸이 모두 온전히 거룩하고 흠 없이 보전되기를 원한다고 말했다. 사람이 영(靈, spirit)과 혼(魂, soul)과 몸(體, body)의 세 영역으로 존재하고 있음을 알 수 있다. 온전히 한 사람이지만 구분되는 전혀 다른 세 영역의 존재로 이루어져 있는 것이다. 한 사람이면서 셋이고 셋이면서 하나다.

> 평강의 하나님이 친히 너희를 온전히 거룩하게 하시고 또 너희의 온 영과 혼과 몸이 우리 주 예수 그리스도께서 강림하실 때에 흠 없게 보전되기를 원하노라(살전 5:23).

따라서 우리가 사람을 이해하기 위해서는 이 세 존재에 대해서 각각의 특성을 이해할 뿐 아니라 서로 간의 관계에 대해서도 성경이 어떻게 말씀하는지를 알아야 한다.

영과 혼과 몸은 각각 어떤 존재인가?

각각 어떻게 다르고 상호 간에는 어떤 관계를 형성하고 있는가?

온 영과 혼과 몸이 온전하게 보전된다는 것은 어떤 의미인가?

의사는 질병을 치유하기 위해서 몸을 연구하고 철학자와 심리학자와 상담학자는 주로 혼의 영역에 대해서 연구한다. 영의 영역은 주로 종교와 신학의 연구 대상이다. 이처럼 한 사람의 존재를 의학이나 철학 또는 심리학이나 신학과 같은 하나만의 지식체계로 다 이해하기는 쉽지 않다. 한 사람은 우주만큼이나 크고 복잡한 존재이기 때문이다. 성경은 영혼육의 어느 한 존재에 대해서 말씀하기도 하지만 셋이 연합하여 온전한 한 존재를 이루고 있음을 말하고 있다. 셋이 합하여 한 존재로서 하나님의 온전한 형상이기 때문이다.

그럼 영과 혼과 몸이 각각 존재하는 방식은 어떻게 다른가?

영과 혼과 몸은 각각 먹는 음식이 다르다. 몸의 양식은 밥이다. 마음(마음은 혼의 일부지만 이 책에서는 혼과 같은 뜻으로 혼용함)은 지식을 먹는다. 그래서 책은 마음의 양식이라고도 한다.

그럼 영의 양식은 무엇인가?

영의 양식은 하나님의 말씀이다. 몸의 양식이 밥이고 마음의 양식이 지식인 것처럼 영의 양식은 하나님의 입으로부터 나오는 말씀이다. 몸과 마음과 영은 각각의 양식을 먹어야 각각의 존재로도 살고 하나로 연합해서 균형있고 온전하게 살게 된다. 하나라도 먹지 않으면 죽은 것과 같게 되고 힘을 잃게 된다.

밥만 먹는다면 몸의 힘은 강해지겠지만 마음과 영적 능력은 쇠약해질 것이다. 몸의 힘만으로는 온전한 사람이 될 수 없다. 마찬가지로 지식만으로 또는 영적인 것만으로 온전한 사람이 될 수는 없다. 세 존재 모두 각각의 양식을 잘 먹어야 한다.

> 사람이 떡으로만 살 것이 아니요 여호와의 입으로부터 나오
> 는 모든 말씀으로 살 것이라(마 4:4).

세 존재가 각각 먹는 양식이 다른 것은 존재하는 세계와 존재하는 방식이 다르기 때문이기도 하다. 몸은 눈에 보이는 물리적인 자연세계에 속한 존재다. 그래서 자연법칙의 지배를 받는다. 하나님은 우주 만물과 그것을 운행하는 자연의 법칙을 창조하시고 또한 붙들고 계신다(히 1:3). 마음은 정신세계에 속한 존재로서 주로 지식과 관계를 통한 교제와 마음의 도덕율에 따라 산다. 영은 영적세계에 속하여 영이신 성령과 말씀을 따라 산다.

물론 각각은 떨어져 존재하지 않으며 각각 하나의 세계에 속하여 단지 한 법칙만의 지배를 받는 것은 결코 아니다. 하나님은 하나를 셋으로 셋을 하나로 묶어서 창조하셨다. 하나님의 창조질서 안에서 온전한 한 사람 안에서 영과 혼과 몸은 상호 작용에 의하여 하나로 연합되어 있고 각각이 속한 다른 세계와 다른 법칙의 영향을 주고받으며 존재한다.

영과 혼과 몸이 깨지다

하나님이 창조하셨을 때 아담과 하와는 온 영과 혼과 몸이 온전히 하나였다. 영과 혼과 몸은 각각의 특성을 갖고 있지만 한 사람 안에서 그리고 하나님의 창조질서 안에서 완벽하게 조화롭게 통합된 상태였다. 영은 하나님의 호흡과 생명을 가진 산영으로서 하나님과 연합되어 있었다. 혼은 영으로 더불어 하나님을 지각하고 교제하며 지혜와 지식으로 세상을 다스렸다. 몸은 영과 혼과 완벽하게 하나가 되어 건강하였고 존귀와 영광으로 빛이 났을 것이다. 말 그대로 하나님이 위임하신 지위와 권세로 세상을 다스리는 만물의 영장(靈長)이었다.

그런데 죄가 들어왔고 그 죄로 말미암아 아담과 하와는 하나님으로부터 분리되었고 결국 에덴동산으로부터 쫓겨나게 되었다. 이때부터 사람은 죄와 사망의 법에 사로잡히게 되고 죄와 사망의 종노릇을 하게 되었다. 한 사람 안에서 완전하게 조화되고 연합되어 있던 영과 혼과 몸이 죄로 말미암아 깨지게 된 것이다. 이 결과로 영혼육 서로 간의 조화와 질서와 평화도 깨지게 되었다. 그 결과 영과 혼과 몸은 통합된 질서를 따라 순종하지 않게 되었고 각각 서로를 지배하려는 강한 속성을 나타내게 되었다. 각각의 존재가 죄의 힘에 굴복하여 깨지고 어그러지면서 하나님의 생명과 말씀이 지배하는 순리와 질서를 따르지 않게 된 것이다.

그럼 죄로 인해서 사람 안의 각각의 존재는 어떻게 깨지고 어떤 결과를 가져왔는가?

가장 큰 변화는 죽음이 없었던 사람에게 죽음이 찾아 왔다는 점이다. 죄의 삯은 사망이기 때문이다. 에베소서 2:1의 말씀처럼 허물과 죄로 영과 혼과 몸이 죽음에 이르게 되는데 그 죽음의 모습과 결과는 각각 다르게 나타난다.

> 그는 허물과 죄로 죽었던 너희를 살리셨도다(엡 2:1).

먼저 영의 죽음은 어떻게 나타났는가?

죄를 범하면서 아담과 하와는 하나님으로부터 쫓겨났고 하나님은 아담과 하와를 떠나셨다. 하나님과 분리된 사람은 하나님의 생명으로부터 분리되었고 하나님과의 분리로 말미암아 사람의 영은 죽게 되었다. 죽음은 소멸이 아니라 분리이다. 사람의 영은 하나님으로부터 분리되면서 하나님이 없고 하나님의 생명이 없는 상태인 죽음에 이르게 된 것이다. 사람의 중심이자 생명이었던 영은 그 죽음으로 말미암아 하나님으로부터 오는 생명을 더 이상 공급받을 수 없게 되었다.

그 결과로 영은 더 이상 혼과 몸에 대하여 어둠과 사망 외에는 어떤 생명도, 어떤 빛도 줄 수 없게 되고 말았다. 영은 존재의 생명과 중심으로서 한 사람을 통합하여 지배할 능력과 권세를 상실하게 된 것이다.

그럼 혼(마음)은 어떻게 되었는가?

죄로 말미암아 마음의 죽음은 어떻게 나타났는가?

마음은 하나님을 상실한 마음이 되었다. 하나님을 상실한 마음은 로마서 1:18-32에 잘 나타나 있다. 영이 죽고 하나님을 상실한 마음은 어두움과 허망함으로 가득 찼으며 하나님의 영광을 온갖 모양의 우상으로 바꾸고 피조물을 창조주인 하나님보다 더 섬기게 되었다. 상실한 마음을 채우기 위하여 마음의 정욕대로 온갖 더러운 것들을 해 보지만 결코 만족할 수 없을 뿐 아니라 그 공허함과 목마름의 갈증을 해소할 수는 없다. 마음의 두려움과 분노와 미움과 우울함은 끝이 없다. 이것이 우리 마음이 사망에 이른 모습이다.

> 또한 그들이 마음에 하나님 두기를 싫어하매 하나님께서 그들을 상실한 마음대로 내버려 두사 합당하지 못한 일을 하게 하셨으니(롬 1:28).

> 하나님을 알되 하나님을 영화롭게도 아니하며 감사하지도 아니하고 오히려 그 생각이 허망하여지며 미련한 마음이 어두어졌나니 스스로 지혜있다 하나 어리석게 되어 썩어지지 아니하는 하나님의 영광을 썩어질 사람과 새와 짐승과 기

어다니는 동물 모양의 우상으로 바꾸었느니라(롬 1:21-23).

더 이상 영으로부터 오는 생명의 공급과 질서를 위한 영향력을 공급 받지 못하면서 마음은 혼돈과 두려움으로 채워지게 되었고 자기 마음의 정욕과 욕심을 따라 살려는 성향이 강해졌다. 철학과 심리학은 이 절망의 마음이 죄로 말미암아 하나님을 상실한 데서 왔다는 것을 결코 알지 못한다. 하나님 없는 마음은 스스로 그 상실한 마음을 치유할 어떤 능력도 방법도 없는 것이다.

그럼 죄로 말미암아 몸은 어떻게 되었는가?

몸도 죽게 되었다. 몸과 영혼의 분리가 몸의 죽음이다. 이 죽음은 인생의 끝자락에 오지만 죽음의 시간이 잠간 유보되었을 뿐이며 영혼과 분리되는 인생의 죽음이 오기 전에 일생을 사는 동안 이미 몸은 죽음에 속한 것들을 맛보며 살게 되었다. 사망에 속한 것들, 즉 몸의 온갖 질병과 연약함과 노화와 고통을 겪으며 사는 것이다.

몸은 얼마나 약해졌는가!

몸은 온갖 육신의 정욕과 탐욕과 중독과 질병의 사슬에 매여 산다.

죄가 세상에 들어오지 않았다면 아담은 죽지 않고 온전한 영과 혼과 몸의 상태로 그리스도의 영원한 생명과 장성한 분량의 충만한 데까지 이르렀을 것이다. 그러나 죄로 말미암아 우리 영은 하나님으로부터 분리되어 죽었고, 우리 마음은 하나님을 상실하여 어두워졌고,

우리 몸은 죽음을 맛보고 있다. 한 존재로서의 영과 혼과 몸의 온전한 연합과 통합은 깨졌고 죄와 사망의 법 아래 종노릇 하고 있는 것이다.

옛사람과 새사람

한 존재로서의 영과 혼과 몸의 온전한 연합과 통합이 깨져서 죄와 사망의 법 아래 종노릇 하고 있는 한 사람이 예수 그리스도로의 복음 앞에 선다. 그가 복음을 듣고 믿음의 법으로 말미암아 의롭다함을 얻는다. 예수 그리스도와 연합하여 부활의 새 생명으로 거듭나는 새로운 존재로 태어나는 것이다.

새 생명으로 거듭난 이 사람의 실존적인 존재는 어떤 사람인가?

죽었던 영과 어두어진 마음과 죽음을 맛보고 있는 몸은 어떻게 변화되는가?

죽었던 영은 성령으로 말미암아 부활의 생명으로 다시 살아났다. 성령과 썩지 아니할 하나님의 말씀으로 그리스도 안에 있는 하나님의 생명이 우리 안에 들어와 죽은 영이 새 생명으로 다시 산 것이다.

> 육으로 난 것은 육이요 영으로 난 것은 영이니 내가 네게 거듭나야 하겠다 하는 말을 놀랍게 여기지 말라(요 3:6-7).

그럼 거듭난 이 사람의 몸은 어떻게 되었는가?

몸은 당장 새롭게 태어나지 않는다. 이것은 몸이 다시 모태에 들어갔다 날 수 없는 것과 같다(요 3:4-5). 몸은 여전히 아무런 변화도 없이 이전의 몸 그대로다. 몸은 부활을 통해서만 썩지도 쇠하지도 죽지도 아니할 영원한 생명의 몸을 입게 되기 때문이다. 그래서 온 피조물들이 탄식하며 하나님의 자녀들의 몸의 부활을 함께 기다리고 있다.

> 피조물이 다 이제까지 함께 탄식하며 함께 고통을 겪고 있는 것을 우리가 아느니라 그뿐 아니라 우리 곧 생명의 처음 익은 열매를 받은 우리까지도 속으로 탄식하여 양자될 것 곧 우리 몸의 속량을 기다리느니라(롬 8:22-23).

그렇다고 부활 이전에는 몸에 아무런 변화가 없는 것은 결코 아니다. 아직 부활에 이르지 아니한 때에도 영이 새 생명으로 거듭난 그리스도인은 이 땅에 사는 동안 부활의 생명을 맛보면서 살 수 있다. 그것은 예수님이 채찍에 맞음으로 몸의 질병을 치유하시고 친히 모든 연약함과 질병을 짊어지고 담당하셨기 때문이다(마 8:17). 우리는 이 땅에서 몸의 질병과 연약함으로부터 치유와 건강을 회복할 수 있다. 이것이 예수 그리스도로 말미암아 새 생명으로 거듭난 사람의 몸의 변화다.

> 우리가 항상 예수의 죽음을 몸에 짊어짐은 예수의 생명이 또한 우리 몸에 나타나게 하려 함이라(고후 4:10).

> 그가 채찍에 맞음으로 너희는 나음을 얻었나니(벧전 2:24).

거듭난 사람의 영은 다시 살고 몸은 부활의 권능 아래 있게 되었는데 마음은 어떻게 되었는가?

마음 또한 영을 따라 한순간에 변하지 않고 그대로이다. 사람이 그리스도와 연합하여 새 생명으로 태어나면 이 사람을 새사람이라 한다. 이 새사람이 탄생함으로서 이 새사람과 구분되는 이전의 사람이 있게 되는데 이 사람을 옛사람이라고 한다(롬 6:6). 사실 옛사람은 새 생명이 태어날 때 예수와 함께 십자가에 못 박혀 죽었다. 그런데도 옛사람의 본성은 변하지 않은 마음과 몸과 하나로 묶여서 그대로 남아 있다.

마음은 변화되지 않고 옛사람의 옷을 입은 채로 여전히 그대로 있는 것이다. 그래서 마음은 계속해서 구습을 따르는 옛사람의 습관대로 살려고 한다. 마음이 옛사람의 옷을 입고서 죄의 종이었을 때 중독되었던 옛사람의 습관을 따라 살게 되면 옛사람은 마음을 계속 지배하면서 마치 살아있는 냥 행세하게 된다. 그래서 거듭난 그리스도인은 옛사람과 새사람의 이중(二重)적인 정체성을 갖고 있게 되는 것이다.

> 너희는 유혹의 욕심을 따라 썩어져 가는 구습을 따르는 옛사람을 벗어 버리고 오직 너희의 심령이 새롭게 되어 하나님을 따라 의와 진리의 거룩함으로 지으심을 받은 새사람을 입으라(엡 4:22-24).

마음이 옛사람의 옷을 입고 옛사람을 따라 살면 옛사람이 마치 살아있는 실존처럼 우리의 삶을 주관하여 옛사람의 모습으로 살게 되고, 옛사람의 옷을 벗어버리고 마음이 새사람의 옷을 입으면 새사람의 성품을 따라 살게 된다. 옛사람은 마치 옷과 같다. 옷은 벗어버리면 그만이다. 헌옷을 벗고 새 옷을 입으면 헌옷 입었던 사람의 모습은 사라지는 것이다. 헌옷을 벗고 새 옷을 입지 않으면 벌거벗은 상태로 있게 되고 제자리로 돌아가게 된다.

새 옷은 하나님을 따라 의와 진리의 거룩함으로 지으심을 받은 새사람이다. 옛사람의 옷을 벗고 새사람의 옷을 입으면 옛사람의 흔적인 죄의 습관은 어느새 사라지고 새로운 거룩한 성품이 돋아나게 되는 것이다.

이를 비유하자면 번데기에서 나비가 딱딱한 번데기 껍질을 벗고 나와서 날아가는 과정과 같다. 번데기가 나비의 새 옷을 입고 날아가려면 그동안 입고 있었던 번데기 껍질을 벗어야만 한다. 번데기 껍질을 입은 채로 나비처럼 날 수는 없다. 옛사람은 번데기 껍질과 같은 것이다. 번데기 껍질은 이미 죽었으나 껍질을 벗지 못하면 나비로 날아 갈 수 없다. 옛사람은 죄의 습관으로 찌들어 무겁고 더럽고 거추장스러운 옷과 같아서 잘 벗겨지지 않으려고 한다. 죄의 습관의 옷을 하나씩 벗어버리고 새사람의 새 옷을 입어야 한다.

새사람은 번데기가 나비가 된 것처럼 옛사람과는 전혀 다른 새로운 피조물이다. 나비는 번데기에서 나왔지만 그 속성도 모양도 사는 방식도 번데기와는 완전히 다른 존재가 된다. 새사람은 하나님의 의와 진리와 거룩함으로 창조된 전혀 새로운 사람이다.

> 그런즉 누구든지 그리스도 안에 있으면 새로운 피조물이라 이전 것은 지나갔으니 보라 새 것이 되었도다(고후 5:17).

그런데 옛사람의 옷을 벗고 새사람의 옷을 입는 그 사이에 "마음을 새롭게 함으로 변화를 받아"라는 말씀이 있다. 이처럼 옛사람과 새사람 사이에는 마음이 있어서 마음의 선택과 변화가 중요하다. 옛사람의 옷을 벗고 새사람의 옷을 입으려면 마음이 새롭게 변화되는 과정이 있어야 하는 것이다. 로마서 12:2은 이 세대를 본받지 않고 하나님의 뜻을 분별하려면 먼저 마음이 새롭게 변화 되어야 한다고 말씀하고 있다.

> 너희는 이 세대를 본받지 말고 오직 마음을 새롭게 함으로
> 변화를 받아 하나님의 선하시고 기뻐하시고 온전하신 뜻이
> 무엇인지 분별하도록 하라(롬 12:2).

새사람의 삶의 방식은 반드시 마음의 변화를 필요로 한다. 옛사람이 십자가에 못 박혀 죽었다하여 옛사람의 껍질이 저절로 벗겨져 떨어져 나가는 것이 아니다. 마음이 새롭게 변화되어야 하는 것이다.

새사람의 실존적 실상

지금까지 한 사람 안의 세 존재인 영과 혼과 몸에 대해서 알아보았다. 특히 영이 새 생명으로 거듭나면서 옛사람과 새사람이 우리 안에 같이 있다는 것을 알았다. 어떤 옷을 입느냐에 따라서 마음은 옛사람에 속할 수도 있고 새사람에 속할 수도 있다. 마음이 나비처럼 옛사람의 껍질을 벗어버리고 새사람의 옷으로 갈아입는 것이 마음이 새롭게 변화되는 과정이다.

그럼 마음은 어떻게 변화되는가?

마음이 변화되는 것을 알아보기 전에 마음 자체에 대해서 좀 더 살펴볼 필요가 있다. 그런데 마음을 이해하기는 그리 간단치 않다. 마음에 대해서는 성경도 아주 다양한 관점으로 말씀하고 있다. 사람의 마

음에 대해서는 인류역사 이래로 수많은 성인이라 일컫는 사람들과 종교와 도덕과 철학과 심리학 등에서 연구하여 왔다. 그러나 그 구조와 성질과 본질을 온전히 규명하거나 알아내지 못했다. 하나님을 상실한 마음은 이미 거짓되고 심히 부패되었기 때문에 하나님 없이 사람이 스스로의 마음을 알 수 없게 되었기 때문이다. 사람의 마음은 하나님만이 살피시고 아신다. 그래서 사람의 마음을 알기 위해서는 하나님의 계시의 빛이 필요하다.

> 만물보다 거짓되고 심히 부패한 것은 마음이라 누가 능히 이를 알리요 마는 나 여호와는 심장을 살피며 폐부를 시험하고 각각 그 행위와 그 행실대로 보응하나니(렘 17:9-10).

이 책 CHAPTER 1의 〈법으로 본 로마서〉에서 이미 말한 바와 같이 로마서 6장에서 예수 그리스도와 연합된 새 생명이 탄생하고 이로 말미암아 옛사람과 구분되는 새사람이 창조되었다. 그런데 로마서 7장에 와서 죄의 법과 싸워서 이기지 못하고 패배하여 사로잡히고 사망의 몸에 갇혀서 탄식하는 이 새사람의 실존적인 실상이 적나라하게 그려지고 있다. 이와 같이 많은 그리스도인들은 죄에 굴복하고 패배하는 자신의 실존적인 실상에 맞닥뜨리며 절망할 수 밖에 없다.

어떻게 그리스도 안에서 새 생명으로 태어난 새사람이 죄의 법에 패배하고 넘어질 수 있는가?

구원받은 그리스도인의 생명과 능력과 믿음의 실체는 무엇이란 말인가?

이 새사람은 율법 아래서 연약해서 죄를 지을 수밖에 없었던 옛사람과 무엇이 다른가?

그럼 새사람이 죄의 법과 싸우고 있는 현장으로 가보자.

그런데 죄의 법과 싸우고 있는 새사람의 주체가 누구인가?

여기서 놀라운 사실이 발견된다. 죄의 법과 싸우고 있는 존재로서 새사람 속에 있는 '마음의 법'이 등장하고 있는 것이다.

> 내 속사람으로는 하나님의 법을 즐거워하되 내 지체 속에서 한 다른 법이 내 마음의 법과 싸워 내 지체 속에 있는 죄의 법으로 나를 사로잡는 것을 보는도다. 오호라 나는 곤고한 사람이로다 이 사망의 몸에서 누가 나를 건져내랴(롬 7:22-24).

우리 안에서 죄의 법과 싸우고 있는 이 마음의 법의 정체는 도대체 무엇이란 말인가?

여기 로마서 7장에 나오는 새사람으로 거듭난 그리스도인은 옛사람과 새사람이 동시에 존재하고 있고 그 정체성이 복잡한 존재로 나타나고 있다. 그래서 로마서 7장에 등장하는 사람이 어떤 사람인가에 대해서는 신학적 논쟁이 따라 다닌다. 아직 구원받기 전의 사람인 비그리스도인이라고 하는 주장과 율법을 자각하고 죄의식을 가진 사람이라는 주장과 함께 새 생명으로 거듭난 그리스도인이라고 하는 주장이 그것이다. 새사람이 된 그리스도인이라면 원하지 않는 악을 행하거나 죄의 법에 굴복할 수 없다는 생각에서 그리스도인이 아니라고 생각하는 것이다. 그러나 이 혼동 속에 있는 이중적 정체성을 갖고 있는 사람이 거듭난 그리스도인의 실존하는 실상이라 생각한다.

여기 7장에 나오는 새사람 안에는 속사람과 마음과 지체(몸)라 부르는 세 존재가 등장한다. 이 세 존재는 각각 따르는 법이 따로 있다. 속사람은 하나님의 법을 즐거워한다. 속사람은 하나님의 법(여기서는 말씀을 의미)을 따라 살아가는 것이 존재하는 본성에 합당하다는 의미다. 죄의 법은 지체(몸) 속에서 일하고 있다. 그 결과 지체는 육신의 욕구와 습관을 따라 죄에 굴복하고 죄의 종이 되어 불의의 병기로 사용된다. 마음은 자신의 마음에 새겨진 마음의 법의 지배를 받는다. 이것은 앞의 〈옛사람과 새사람〉의 꼭지에서 이미 말한 거듭난 그리스도인의 영과 마음과 몸의 모습과 완벽하게 일치하는 모습이다.

만약 거듭난 그리스도인이 아니라면 어떻게 하나님의 법을 즐거워하는 속사람이 있겠는가!

우리 안에 세 존재가 있고 각각 지배하는 법이 있다는 것이 흥미롭지 않은가!

이것을 어떻게 심리학이 알 수 있겠는가!

이것이 속사람이 거듭나서 세 존재가 함께 있는 새사람의 모습이다.

성경이 가르쳐 주는 참으로 놀라운 통찰력이다. 그런데 우리 안의 세 존재 안에 있는 이 세 법은 가만히 있지 않고 서로 싸우고 있다.

싸운다는 것은 무엇을 의미하는가?

왜 연합과 통합이 이루어지지 않고 싸움이 일어나는가?

다른 법이 지배하고 있는 영역을 세 존재 간에 서로 자신이 지배하려고 하기 때문이다. 이것은 속사람이 새사람 안에서 하나님의 법으로 마음과 몸을 주도적으로 통치하지 못하고 있는 증거이기도 하다. 그래서 각각의 법이 우리 실존 안에서 지배력을 확장하려는 목적으로 전쟁을 하고 있는 것이다. 갈등과 충돌과 전쟁으로 새사람의 평화는 깨진다. 이것이 지극히 정상적인 새사람의 실존적인 실상이다.

먼저 누가 싸우는가?

죄의 법과 마음의 법이 싸운다. 그리고 늘 죄의 법이 이긴다. 마음의 법은 죄의 법에 져서 포로로 사로잡히고 만다. 그 결과 사망의 몸에 갇히게 되고 고통과 곤고함으로 탄식하게 된다.

왜 새사람으로 거듭났는데도 마음의 법은 죄의 법에 항상 패배하는가?

바울이 깨달아 알게 된 그 이유는 무엇인가?

바울은 마음의 법이 죄의 법과 싸워 매번 패배하는 이유를 알았다. 마음의 법은 선을 행하기는 원하지만 선을 행할 능력은 없다는 것을 안 것이다. 마음의 법은 마음에 새겨진 도덕률이고 기준일 뿐 그 자체로는 선을 행할 아무런 능력은 없다. 소원과 결심만 할 뿐이다.

영이 다시 살아 새사람으로 거듭났지만 마음은 여전히 변화되지 않고 옛사람의 마음의 법을 그대로 소유하고 있기 때문이다. 반면에 죄의 법은 지체 속에서 일하고 역사하는 능력이 있다. 그래서 그리스도인들이 새롭게 변화되지 않은 마음의 법만으로는 죄의 법을 이길 수가 없는 것이다. 마음의 법은 죄의 법에 굴복하고 사망의 몸에 사로잡힐 수밖에 없다. 이것은 믿음의 좋고 나쁨의 문제도 아니고 이제 갓 그리스도인이 된 어린아이이든지 오랫동안 신앙생활을 한 그리스도인이든지 관계 없이 일어나는 그리스도인의 실존적인 실상인 것이다.

이럼에도 불구하고 많은 그리스도인들이 죄의 법과 싸워 죄를 이기고 선을 행하려고 계속 몸부림을 치고 있다. 도덕적인 선한 행위를 통해서 자신의 그리스도인됨을 나타내고 증명하려고 한다. 바울은 마음의 법으로는 결코 이길 수 없다고 말한다. 마음의 법으로 싸워 이기려고 하는 것은 사실 모든 이방 종교들이 마음의 도를 닦고 마음의 선을 쌓는 것과 다를 바 없는 것이다.

바울은 새사람으로 거듭났지만 선을 행할 능력이 없고 죄에 굴복하고 마는 이러한 그리스도인의 실존적 실상에 대해서 탄식하며 말한다.

> 오호라 나는 곤고한 사람이로다 이 사망의 몸에서 누가 나를 건져내랴(롬 7:24).

이와 같이 새사람으로 거듭나서 아직 변화되지 않은 마음의 법으로 살려고 하는 그리스도인의 실상에 대해서 이해를 쉽게 하기 위해 비유를 들어 이야기해 보자. 우리나라가 해방된 것은 1945년 8월 15일이다. 그런데 해방은 되었으나 나라를 통치하지는 못하고 3년 동안 미군정이 통치했다.

그 이유는 무엇이었는가?

국가가 세워지고 통치가 이루어지려면 영토와 국민과 헌법이 있어야 하는데 해방이 되어 영토와 국민은 있었지만 통치할 법과 통치자는 없었던 것이다. 1948년 7월 17일 헌법이 제정되고 그 헌법에 의해 대통령이 선출됨으로써 1948년 8월 15일 정부가 구성되고 통치가 시작되었다. 통치가 시작된 후에도 중앙정부의 통치권이 모든 국민과 모든 영토에 골고루 미쳐서 질서 있게 통치가 이루어진 것은 아니었다.

지방 곳곳에서는 중앙정부의 법과 통치와 질서를 받아들이지 않고 법이 없었을 때 가졌던 저마다의 자기 이념이나 신념이나 권리를 주장하면서 저항하거나 싸웠기 때문이다. 국가의 헌법과 통치권이 갖춰졌으나 실제로 국가전체를 통합하여 질서 있게 통치하기까지는 갈등과 혼돈과 싸움의 시간을 거쳐야만 했다. 이렇게 옛 질서를 없애고 새 질서를 만들기 위해서는 옛 질서보다 훨씬 강력한 법과 통치력이 세워지고 새 질서를 만들어가는 시간과 과정이 필요한 것이다.

이와 같이 처음 그리스도인 되었을 때 옛사람을 지배해온 죄의 법과 마음의 법이 남아서 여전히 새사람의 마음과 몸을 지배하려고 서로 싸우는 것이다. 새사람 속에는 새로운 통치의 법인 헌법과 같은 생명의 성령의 법이 들어와 있지만 새 법에 대한 인식이 거의 없고 그 법의 통치권을 받아들이지 않기 때문에 성령의 강력한 통치가 행사되지 못한다. 아직은 새사람이 여전히 옛사람의 법의 습관과 영향력 아래 있기 때문이다.

그 결과 거듭난 그리스도인이라 할지라도 죄와 사망의 법에 패배하고 굴복함으로써 옛사람과 똑같은 방식으로 살게 되고 무질서와 혼돈과 갈등이 계속되는 것이다. 우리가 죄와 사망의 법으로부터 실제로는 해방되었지만 성령의 법으로 통치되지 않으면 죄에 대하여 무능력한 상태에 있게 되고 만다. 죄의 법은 마치 아직도 권한이 있는 것처럼 우리에게 와서 지배력을 행사하려고 하기 때문이다. 속이는 것이다.

이것을 해결하는 방법은 마음의 법이 아닌 새로운 통치의 법인 생명의 성령의 법의 강력한 통치를 받아들여야 한다. 생명의 성령의 법은 권능의 법이다. 성령의 법으로 말미암은 중앙집권적인 강력한 통치가 이루어져서 마음과 몸이 그 통치 아래 있어야 한다. 그러면 옛사람의 법인 죄와 사망의 법을 무력화하고 마음과 몸이 해방되어 마음을 새롭게 하는 길이 열리게 되는 것이다.

마음의 법

그럼 도대체 마음의 법의 정체는 무엇인가?

마음의 법이 어떤 법이길래 갑자기 죄의 법과 싸우고 있는 법으로 등장하는가?

그리고 마음의 법은 왜 죄의 법에 무기력하게 지는가?

마음의 법에 대한 근거가 되는 말씀은 로마서 2장에 나온다.

> 율법 없는 이방인이 본성으로 율법의 일을 행할 때에는 이 사람은 율법이 없어도 자기가 자기에게 율법이 되나니 이런 이들은 그 양심이 증거가 되어 그 생각들이 서로 혹은 고발하며 혹은 변명하여 그 마음에 새긴 율법의 행위를 나타내느니라(롬 2:14-15).

유대인이나 이방인이나 마음에 새겨지는 율법이 있다고 말씀한다. 이 마음에 새겨진 법이 마음의 법이다. 유대인은 자기들이 가지고 있는 율법을 마음에 새기는 것이고, 율법이 없는 이방인들은 다른 율법이 마음에 새겨진다.

그럼 이방인들의 마음에는 어떤 법이 어떻게 새겨지는가?

사람은 누구나 어느 나라, 어느 민족, 어느 종교, 어느 문화, 어느 부모에게 속하여 태어나고 자라고 살면서 교육과 영향을 받게 된다. 이렇게 사람마다 그 나라와 민족과 종교와 문화와 부모와 교육으로부터 오는 고유하고 독특하게 형성된 어떤 도덕과 규범과 가치와 기준과 관습과 법을 배우게 되는 것이다.

이런 도덕과 규범과 가치와 기준과 관습과 법이 각 사람의 마음에 새겨지게 되는 데 이것이 각 사람의 마음의 법이 되는 것이다. 새겨지는 법이 다르면 마음의 법도 각각 다르게 형성된다.

예를 들어 이슬람 국가에서 태어났다면 일부다처제의 규범이 마음의 법으로 새겨질 것이다. 그러면 이 사람에게 일부다처제는 거리낌이 없는 마음의 법이 되는 것이다. 그러나 이러한 법이 마음의 법으로 새겨지지 않은 다른 나라의 다른 종교를 가진 사람들에게는 거리낌 없이 받아들이기란 쉽지 않다. 이렇게 마음의 법은 각 사람의 도덕율이 되어 판단과 행동규범으로 작용하게 된다. 한번 새겨진 마음의 법은 선악의 판단과 행위의 기준이 되기 때문이다.

그러면 여기서 마음의 법에 대해서 알아야 할 본질적 관점은 무엇인가?

그것은 마음의 법의 능력은 어떠하며 그 역할은 무엇인가에 대해서일 것이다. 즉, 마음의 법으로 새겨진 도덕율의 수준이 높으면 높을수록, 선하면 선할수록 죄를 이기고 선을 행할 수 있는 능력이 생기는 것인가에 대한 의문이다.

그렇지 않다. 마음의 법 자체는 죄를 이기거나 선을 행할 능력이 없다. 많은 사람들이 마음에 새겨진 도덕율 자체가 선과 의를 행할 수 있는 능력이 될 것이라고 생각한다. 자신이 가진 마음의 법이 선하고 고상하기 때문에 선을 행할 수 있다고 생각하는 것이다. 이렇게 생각하는 것이 쌓여서 믿음이 되면 바로 이것이 종교가 되는 것이다. 이에 대해서 바울은 그럴 수 없는 마음의 법의 실상을 이야기 한다.

> 내가 행하는 것을 내가 알지 못하노니 곧 내가 원하는 것은 행하지 아니하고 도리어 미워하는 것을 행함이라(롬 7:15).
>
> 내가 원하는 바 선은 행하지 아니하고 도리어 원하지 아니하는 바 악을 행하는도다(롬 7:19).

만약 마음에 새긴 마음의 법을 따라 선을 행할 수 있다면 하나님으로부터 의롭고 거룩하고 선한 율법을 받은 유대인들은 모든 죄를 이기고 선을 행할 능력을 가졌어야 할 것이다. 그러면 예수 그리스도는 오실 필요가 없었을 것이다. 율법과 도덕율은 그것의 높고 낮은 정도에 따라 무엇이 죄가 되는지를 알게 하고 죄를 죄 되게 정죄할 뿐이다. 그 자체로는 죄를 이기고 하나님의 의를 행하거나 그로 인해 의롭게 될 능력과 가능성은 전혀 없는 것이다.

마음에 새긴 법 자체는 죄를 이기거나 선을 행할 능력을 갖고 있지 않다. 마음의 법의 역할은 선악을 알고 판단하는 것이다. 그렇기 때문에 성령과 말씀으로 새사람이 되어 구원받은 그리스도인이 성령과 말씀이 아닌 옛사람의 마음의 법으로 행하려고 하는 것은 잘못된 길에 서 있는 것이다. 그리스도인들이 자신의 마음의 법을 따라 열심을 내고 죄와 싸워 이기려 하고 선을 행하려고 하면 결국은 패배하고 절망할 밖에 없는 것이다.

자기 의(義)

앞에서 보았듯이 그리스도인은 예수 그리스도 안에서 믿음으로 말미암아 새사람이 되었지만 여전히 옛사람으로 사는 단계가 있다. 이것이 로마서 7장에 나오는 그리스도인의 실상이다. 고린도전서의 표현으로 말하면 그리스도 안에서 '어린아이'와 같은 것이다(고전 3:1-3). 그리스도와 연합하여 새 생명으로 거듭났지만 여전히 육신에 속하여 옛사람의 방식 그대로 살아간다. 욕심을 따라 행하는 구습을 좇아 사는 옛사람의 습관이 아직은 새사람의 능력보다 훨씬 강한 것이다.

그럼 옛사람의 방식이란 무엇인가?

옛사람의 방식으로 산다는 것이 단지 육체의 정욕대로 아무렇게나 무질서하게 사는 것만을 의미하지는 않는다.

옛사람으로 산다는 것은 자기 마음의 법으로 사는 것을 말한다. 자기 마음의 법의 판단에 따라 자기가 옳다고 생각하는 대로 사는 방식이 모두 옛사람이 사는 방식인 것이다. 자기가 옳다고 생각하는 마음의 법이 바로 자기 의(義)이다. 자기 의로 사는 그리스도인은 구원은 믿음으로 말미암아 자기 의가 아닌 예수 그리스도의 의로 받았으나 그 이후 삶은 아직 그리스도의 의로 사는 새사람의 방식에까지 나아가지 못하고 자기 열심과 자기 의로 사는 것이다.

자기 의로 사는 사람의 특징은 무엇인가?

말씀에 대해서는 아직은 밥을 먹지 못하고 젖을 먹는다. 젖과 같은 부드러운 초보의 말씀을 먹는 단계이며 단단한 의의 말씀은 먹지 못한다(히 5:12-14). 또 다른 특징은 자신의 안팎에 시기와 갈등과 분쟁이 있는 사람이다(고전 3:2-3).

시기와 분쟁과 원망과 다툼은 왜 일어나는가?

자신의 마음에 새겨진 법으로 다른 사람과 자기 자신에 대하여 옳고 그릇을 끊임없이 판단하기 때문이다.

> 비판을 받지 아니하려거든 비판하지 말라 너희의 비판하는 그 비판으로 너희가 비판을 받을 것이요 너희의 헤아리는 그 헤아림으로 너희가 헤아림을 받을 것이니라 어찌하여 형제의 눈 속에 있는 티는 보고 네 눈 속에 있는 들보는 깨닫지 못하느냐(마 7:1-3).

도덕율과 법은 판단하고 비교하는 잣대가 되어 옳고 그름을 따진다. 자기 의가 강한 사람은 모든 판단과 행동을 그 마음의 법의 옳고 그름을 따라 한다. 그 결과 시시비비를 따지고 비판하게 되고 원망과 분쟁이 생기는 것이다. 이것은 다른 사람에게 뿐만 아니라 자기 자신에 대해서도 마찬가지다.

자기 의가 강한 사람은 자신이 스스로 그 기준대로 살지 못하는 것에 대하여 자책하게 된다. 자기 의가 강한 사람은 판단과 비판은 하지만 자기에게나 다른 사람에게나 관용을 베풀고 사랑할 능력은 없다. 이것을 산상수훈에서는 서기관과 바리새인의 의라고 하였다(마 5:20). 서기관과 바리새인들은 자신들이 율법을 가진 것을 자기 의로 삼아 그것을 자랑하며 가르치는 선생이 되었으나 자신들은 그 의대로 살지 못했다.

> 그러므로 남을 판단하는 사람아, 누구를 막론하고 네가 핑계하지 못할 것은 남을 판단하는 것으로 네가 너를 정죄함이니 판단하는 네가 같은 일을 행함이니라(롬 2:1).

그래서 예수님은 의문(儀文)에 쓰인 서기관과 바리새인들의 율법적인 의와는 다른 하나님의 온전하신 의와 하나님 나라의 의를 말씀하신다. 하나님의 의는 살인하지 않으면 그만인 것이 아니라 형제를 미워하지 않아야 하는 것이다. 간음하지 않으면 되는 것이 아니라 마음에 음욕을 품지 않는 것이어야 한다. 눈은 눈으로 이는 이로 갚는 것이 아니라 오른 뺨을 맞으면 왼편도 돌려대며 억지로 오리를 가게 하면 십리를 동행하는 것이다. 원수를 미워하는 것이 아니라 원수를 사랑하고 박해하는 자를 위하여 기도하는 것이다.

이것이 하나님의 의이고 하나님 나라의 의다. 하나님의 의는 사람이 자신의 마음에 새긴 율법과 같은 마음의 법으로 행할 수 있는 의가 아니다. 이 하나님의 의를 성취하기 위해서는 마음의 법을 뛰어넘는 능력의 법으로 나가야 한다. 이 새로운 권능의 법이 생명의 성령의 법이다. 옛사람의 방식인 마음의 법을 따라 사는 데서 떠나 새사람이 사는 방식인 생명의 성령의 법을 따라 살아야만 죄의 법을 이길 수 있다.

그런데 왜 오늘날 많은 그리스도인들이 생명의 성령의 법으로 나가지 못하고 옛사람의 방식에 머물러 마음의 법으로 사는가?

가장 큰 이유는 믿음에 대한 오해와 하나님을 알지 못하는 데 그 원인이 있다. 믿음은 하나님을 지속적으로 알아가는 과정이고 하나님과의 인격적인 관계의 발로인데 믿음을 마치 교회에 대한 종교적인 헌신이나 열심인 것처럼 생각하는 경우가 많다.

그뿐 아니라 생명과 성령의 열매로 나타나는 그리스도인의 삶이 아닌 도덕적 삶과 선한 행위를 강조하는 설교와 교육이 종교적인 마음의 법을 강화하는 결과를 초래한 결과다.

영이요 생명인 말씀이 얼마나 많이 도덕과 윤리적인 가르침으로 변질되어 가르쳐지고 있는가!

성령의 기름 부으심과 생각나게 하심과 가르치심과 인도하시는 그 자리에 사람의 전통과 규례와 관습이 대신하고 있는 것이다. 이러한 가르침들은 오히려 마음의 법을 강화시켜 더 견고한 성을 쌓을 수밖에 없게 만들었다. 결과적으로 많은 그리스도인들의 삶은 종교적인 생활로 굳어져서 성령의 법으로 나가지 못하고 구원받은 제자리에 머물러 버리게 된 것이다.

마음의 법이 자기 의가 되지 않도록 경계해야 한다. 거듭난 그리스도인에게 필요한 것은 교회의 제도화된 종교적인 헌신과 열심에 익숙해지는 것이 아니라 지혜와 계시의 영으로 하나님을 아는 빛이 마음에 비춰지는 것이다. 마음의 눈이 밝아져서 하나님의 부르심의 소망과 그 기업의 영광의 풍성함이 무엇인지를 아는 것이다. 믿는 자에게 베푸시는 능력의 지극히 크심이 어떠한 것인지를 아는 그 풍성한 영광의 자리로 나아가는 것이다.

> 우리 주 예수 그리스도의 하나님, 영광의 아버지께서 지혜와 계시의 영을 너희에게 주사 하나님을 알게 하시고 너희 마음의 눈을 밝히사 그의 부르심의 소망이 무엇이며 성도 안에서 그 기업의 영광이 풍성함이 무엇이며 그의 힘의 위력으로 역사하심을 따라 믿는 우리에게 베푸신 능력의 지극히 크심이 어떠한 것을 너희로 알게 하시기를 구하노라 (엡 1:17-19).

마음을 새롭게 함으로 변화를 받는다는 것

그러면 마음은 어떻게 새롭게 변화하는가?

그리스도인에게 이 영역이 가장 어려운 단계라 할 수 있다. 이해하기도 어렵고 설명하기도 어렵고 실제로 마음이 변화하기는 더 어렵기 때문이다. 여기에는 옛사람의 옷을 벗는 것과 마음이 새롭게 변화되는 것과 새사람의 옷을 입는 세 가지 차원이 있다.

> 너희는 유혹의 욕심을 따라 썩어져 가는 구습을 따르는 옛사람을 벗어버리고 오직 너희의 심령이 새롭게 되어 하나

님을 따라 의와 진리의 거룩함으로 지으심을 받은 새사람을 입으라(엡 4:22–24).

옛사람의 옷을 벗는 것과 마음이 새롭게 변화되는 것과 새사람의 옷을 입는 것은 동시적인가 순서적으로 일어난 점진적인 것인가?

마음이 변화해서 성령의 법으로 인도함을 받는 것인가, 아니면 성령의 법으로 인도함을 받아서 마음이 새롭게 변화하는가, 아니면 동시적인가?

이런 문제들은 잠시 뒤로 넘겨놓고 먼저 마음이 새롭게 변화한다는 것이 무엇을 의미하는지, 마음이 어떻게 되는 것인지에 대해서 생각해 보자.

첫째, 마음이 새롭게 변화한다는 것은 단지 범죄한 행위를 회개하거나 새롭게 살기로 결심하는 것이 아니라 마음의 법을 바꾸는 것이다.

우리는 얼마나 많이 회개하고 결심하는가!

반복적인 회개와 결심에도 불구하고 왜 변화하지 않는가?

마음을 새롭게 하여 변화된다는 것은 겉으로 드러난 행위 몇 가지를 고치는 것이 아니다. 마음을 새롭게 한다는 것은 옛사람일 때 새겨진 마음의 법을 영이요 생명인 말씀으로 새롭게 바꾸는 것이다. 산상수훈에서 말씀하신 것처럼 서기관과 바리새인의 의의 법을 하나님의 의와 하나님 나라의 의의 법으로 바꾸는 것이다. 아무리 고상한 법이나 지식일지라도 먹으로 쓴 의문(儀文)으로 새겨진 마음의 법은 배설물처럼 내버리고 성령으로 새겨진 말씀과 예수 그리스도를 아는 지식으로 채워야 하는 것이다. 지식이나 결심이나 굳은 의지로 일어나는 일시적인 변화가 아니다. 본질적인 변화가 일어나야 한다.

이 때 중요한 것은 새로 새겨지는 말씀과 지식과 법이 성령으로 새겨져야 한다는 것이다. 사람의 말과 지식과 지혜로 되는 것이 아니라 오직 성령의 능력으로 되는 것이어야 한다(고전 2:4-5). 성령으로 된 것이 아니면 육으로 된 것이고 그것은 또 다른 마음의 법일 뿐이다. 말씀을 성령으로 마음에 새기는 것에 대해서는 다음 장에서 상세하게 다룰 것이다.

> 너희는 우리로 말미암아 나타난 그리스도의 편지니 이는 먹으로 쓴 것이 아니요 오직 살아 계신 하나님의 영으로 쓴 것이며 또 돌판에 쓴 것이 아니요 오직 육의 마음판에 쓴 것이라(고후 3:3).

둘째, 마음을 새롭게 함으로 변화한다는 것은 성품의 변화를 말한다.

성품이 새롭게 변화한다는 것은 단지 이전의 나쁜 성품이 조금 나아지는 것을 의미하는 것이 아니다. 이전 성품을 개조하는 것이 아니라 완전히 새로운 성품이 새 생명 안에서 자라나서 열매로써 창조된 성품을 말한다. 성령으로 말미암아 조성된 성령의 열매이고 신의 성품에 참여한 성품이다.

> 오직 성령의 열매는 사랑과 희락과 화평과 오래 참음과 자비와 양선과 충성과 온유와 절제니 이같은 것을 금지할 법이 없느니라(갈 5:22–23).

> 이로써 그 보배롭고 지극히 큰 약속을 우리에게 주사 이 약속으로 말미암아 너희로 정욕 때문에 세상에서 썩어질 것을 피하여 신성한 성품에 참여하는 자가 되게 하려 하셨느니라. 그러므로 너희가 더욱 힘써 너희 믿음에 덕을, 덕에 지식을, 지식에 절제를, 절제에 인내를, 인내에 경건을, 경건에 형제 우애를, 형제 우애에 사랑을 더하라(벧후 1:4–7).

셋째, 마음이 새롭게 변화한다는 것은 지각을 연단하여 하나님의 뜻과 선악을 분별할 줄 아는 데까지 이르는 것이다.

마음에는 감지하여 아는 기능적인 지각(sense)이 있다. 마음의 지각은 무엇인가를 감지하여 인식하는 센서(sensor)와 같은 역할을 한다. 마음의 지각은 사용하면 할수록 연단된다. 마음에서 인식하는 작용인 지각은 반복적인 사용과 연단을 통해 더 개발되고 발전되고 성장한다. 그런데 지각의 사용에 있어서 중요한 것은 의의 말씀을 먹고 그 말씀을 따라서 분별하는 연습을 지속적으로 반복해서 하는 것이다.

그러면 지각은 말씀을 통해 하나님의 선하시고 기뻐하시고 온전하신 뜻이 무엇인지에 대해 점점 더 분별력이 연단된다. 지각으로 분별한다는 것은 속사람인 영이 알게 된 하나님의 말씀과 뜻을 마음에서 마음의 언어로 알게 되는 것을 의미한다.

> 단단한 음식은 장성한 자의 것이니 그들은 지각을 사용함으로 연단을 받아 선악을 분변하는 자들이니라(히 5:14).

> 너희는 이 세대를 본받지 말고 오직 마음을 새롭게 함으로 변화를 받아 하나님의 선하시고 기뻐하시고 온전하신 뜻이 무엇인지 분별하도록 하라(롬 12:2).

앞에서 살펴본 바와 같이 마음이 새롭게 된다는 것은 옛사람의 마음을 새사람의 마음으로 새롭게 창조하는 것이다. 이러한 변화와 창조는 마음 스스로는 할 수 없는 일이다. 이미 옛사람의 마음은 자기 마음의 법으로 굳어져 있기 때문에 변화를 거부한다. 오직 마음을 새롭게 변화시킬 수 있는 것은 말씀과 그 말씀으로 일하시는 성령뿐이다. 성령이 옛사람의 어두어진 마음에 빛을 비추시고 말씀을 먹이시고 그것을 아는 빛을 비춰 주셔야만 가능한 일이다.

로마서 7장에서 죄의 법에 패배하고 사망의 몸에 사로잡힌 그리스도인이 해방되어 새사람으로 살 수 있는 길은 로마서 8장의 생명의 성령의 법으로 나가는 길 외엔 없다. 성령의 법 없이 먼저 새롭게 될 자는 없다. 성령만이 어두운 마음에 빛을 비추신다. 살아있는 하나님 말씀만이 우리 영과 혼과 관절과 골수를 찔러 쪼개고 마음의 생각과 뜻을 알고 판단할 수 있다.

> 어두운 데에 빛이 비치라 말씀하셨던 그 하나님께서 예수 그리스도의 얼굴에 있는 하나님의 영광을 아는 빛을 우리 마음에 비추셨느니라(고후 4:6).

> 하나님의 말씀은 살아 있고 활력이 있어 좌우에 날선 어떤 검보다도 예리하여 혼과 영과 및 관절과 골수를 찔러 쪼개기까지 하며 또 마음의 생각과 뜻을 판단하나니(히 4:12).

성령의 법으로 나아가지 않고 스스로 변화하겠다고 하는 사람은 자기 마음의 법으로 의를 행하고 선을 행하겠다는 것 밖에 안 된다. 이것은 절에 가서 참선을 하고 도를 닦는 일과 다를 바 없는 종교가 되고 만다. 오늘날 많은 한국 교회와 성도들이 여기에 머물러 있다. 성령과 말씀으로 나아가 새사람의 장성한 분량에까지 자라가지 못하고 종교적 열심과 헌신과 도덕으로 자기 의를 증명하려는 자리에 머물러 있는 것이다.

기독교는 수양하고 도를 닦아서 깨우침에 이르는 종교가 아니다.

사람으로서는 할 수 없는 일을 하나님이 예수 그리스도와 성령과 말씀으로 계시하시고 그것을 성취하시는 것이 기독교다. 거듭난 그리스도인이 마음이 새롭게 변화되고 장성한 데까지 성장하려면 성령과 말씀으로 새롭게 되는 길밖에 없다.

CHAPTER 5
생명의 성령의 법

생명의 성령의 법
마음에 숨은 속사람
선한 양심
성령의 인도함을 받는 사람
말씀은 씨와 같다
마음의 새 법
행함과 열매

생명의 성령의 법

죄와 사망의 법이 아담으로 말미암아 세상에 들어오고 율법이 모세를 통하여 들어오고 복음의 믿음의 법이 예수님으로 말미암아 왔듯이 생명의 성령의 법은 성령과 함께 들어왔다. 예수님이 죽으시고 부활하시고 승천하셔서 성령을 보내심으로써 성령이 부활의 생명을 가지고 오신 것이다. 이 생명은 예수님 안에 있는 생명이다. 예수님은 길이요 진리요 생명이시다(요 14:6). 예수님 안에는 영원한 생명이 있다. 이 생명이 사망의 어둠 가운데 있는 인류에게 빛이 되었다.

그 안에 생명이 있었으니 이 생명은 사람들의 빛이라(요 1:4).

예수님 안에 있는 생명은 어떻게 많은 사람들의 생명이 될 수 있는가?

사망이 한 사람 아담의 범죄로 이 세상에 들어온 것처럼 생명은 한 사람 예수 그리스도를 통하여 이 세상에 들어왔다. 사망이 모든 사람에게 왕 노릇하는 것처럼 많은 사람이 한 사람 예수 그리스도의 은혜로 말미암아 생명 안에서 왕 노릇하는 것이다(롬 5:14-21).

그러나 사람의 모양으로 오신 예수님 안에 있는 생명은 다른 사람에게 나눠줄 수가 없다. 예수님의 생명이 나눠지기 위해서는 예수님이 한 알의 밀알과 같이 죽으셔서 많은 열매를 맺으셔야만 하는 것이다(요 12:24). 그래서 예수님은 죽으시고 부활하셔서 성령의 첫 열매가 되셨고(롬 8:23) 살려주는 영이 되셨다(고전 15:45). 첫 열매로 부활하신 예수님의 생명을 성령이 많은 사람에게 나눠줄 수 있게 된 것이다. 예수님의 부활은 죽었다가 단지 다시 사신 것만이 아니라 예수님의 생명을 무한히 나눠주실 수 있도록 밀알처럼 넘치는 생명의 열매를 맺은 것이다.

성령은 예수님의 생명으로 일하시는 분이시다. 성령은 사망을 이기시고 부활하신 예수님이 승천하셔서 주신 그 풍성한 부활의 생명을 가지고 오셔서 예수님과 그 생명을 나타내시는 분이시다. 그래서 성령은 생명의 법이고 생명은 성령의 법이 된다. 이것을 생명의 성령의 법이라 부르는 것이다. 사망의 법이 죽이는 법이라면 생명의 법은 살리는 법이다. 죄가 사망에 이르는 길인 것처럼 믿음으로 말미암은 의는 생명에 이르는 길이다. 사망의 법이 마귀의 법인 것처럼 생명의 법은 예수 그리스도로 말미암아 오신 성령의 법이다. 마귀는 사망으로 일하고 성령은 생명으로 일한다. 마귀는 죽이는 일을 하고 성령은 살리는 일을 한다.

그럼 생명의 성령의 법은 무슨 일을 어떻게 하는가?

첫째, 생명의 성령의 법은 새 생명으로 거듭나게 하여 믿음의 법을 성취한다.

사람이 처음 복음을 듣고 믿을때 믿음의 법으로 의롭다함을 입고 그리스도와 연합하게 되는데 이 때 생명의 성령의 법에 따라 바람 같은 성령이 새 생명으로 거듭나게 하시는 것이다.

> 예수께서 대답하시되 진실로 진실로 네게 이르노니 사람이 물과 성령으로 나지 아니하면 하나님 나라에 들어갈 수 없느니라 육으로 난 것은 육이요 성령으로 난 것은 영이니 내가 네게 거듭나야 하겠다 하는 말을 기이히 여기지 말라 바람이 임의로 불매 네가 그 소리를 들어도 어디서 오며 어디로 가는지 알지 못하나니 성령으로 난 사람도 다 그러하니라(요 3:5-8).

둘째, 생명의 성령의 법은 그리스도 안에 있는 자가 율법의 정죄와 죄와 사망의 법으로부터 해방시키는 일을 한다.

모든 정죄와 죄와 사망의 법을 이길 수 있는 법은 생명의 성령의 법외에는 없다. 생명의 성령의 법은 옛사람의 습관을 따라 사는 마음의 법을 새롭게 하고 죄의 법을 무력화시키는 강력한 권능의 법이다. 새사람이 성령의 통치를 따라 살 수 있도록 그 길을 인도하는 법인 것이다.

> 그러므로 그리스도 예수 안에 있는 자에게는 결코 정죄함이 없나니 이는 그리스도 예수 안에 있는 생명의 성령의 법이 죄와 사망의 법에서 너를 해방하였음이라(롬 8:1-2).

셋째, 생명의 성령의 법은 율법의 요구를 성취하는 일을 한다.

육신이 연약하여 행할 수 없었던 율법의 요구를 성령은 새사람 안에서 이루신다. 생명의 성령의 법은 율법 안에 나타난 하나님의 의로움과 거룩함과 선하심을 성취한다. 성령은 새사람이 신령한 말씀을 먹고 그리스도의 장성한 분량에까지 자라가도록 인도하신다. 성령은 말할 수 없는 탄식으로 기도하시고 우리의 연약함을 도우셔서 하나님의 뜻을 따라 세우신다.

> 율법이 육신으로 말미암아 연약하여 할 수 없는 그것을 하나님은 하시나니 곧 죄로 말미암아 자기 아들을 죄 있는 육신의 모양으로 보내어 육신에 죄를 정하사 육신을 따르지 않고 그 영을 따라 행하는 우리에게 율법의 요구가 이루어지게 하려 하심이니라(롬 8:3-4).

> 이와 같이 성령도 우리의 연약함을 도우시나니 우리가 마땅히 기도할 바를 알지 못하나 오직 성령이 말할 수 없는 탄식으로 우리을 위하여 친히 간구하시느니라(롬 8:26).

넷째, 생명의 성령의 법은 최고의 법인 사랑의 법으로 인도하여 율법을 완성한다.

사랑은 생명의 성령의 법으로 말미암아 열리는 성령의 열매다. 성령의 열매는 행위로 만들어지는 성품이 아니라 우리 안에 있는 하나님의 생명으로부터 자라나서 열매를 맺는 하나님의 성품인 것이다. "네 이웃을 네 몸과 같이 사랑하라"는 최고의 법(약 2:8)은 결코 사람의 열심과 헌신으로는 성취할 수 없다. 사랑의 법을 성취하여 완성하는 것은 오직 생명의 성령의 법뿐이다.

> 사랑은 이웃에게 악을 행하지 아니하나니 그러므로 사랑은 율법의 완성이니라(롬 13:10).
>
> 오직 성령의 열매는 사랑과 희락과 화평과 오래 참음과 자비와 양선과 충성과 온유와 절제니 이같은 것을 금지할 법이 없느니라(갈 5:22-23).

다섯째, 생명의 성령의 법은 권능과 은사를 통해 복음을 전파하고 교회를 세운다.

성령은 권능을 주시고 그의 뜻대로 각 사람에게 은사를 나눠주신다(고전 12:11). 성령이 각 사람에게 은사를 주시는 것은 교회의 덕을 세우고 유익하게 하기 위함이다(고전 12:7).

성령은 또한 복음을 전하는 권능을 주시고 복음전파와 선교를 통해서 교회와 하나님의 나라를 세우신다. 또한 성령은 말씀을 검으로 사용한다. 성령은 말씀의 검으로 마귀의 간계를 대적하여 이기게 하신다(엡 6:10-17).

> 오직 성령이 너희에게 임하시면 너희가 권능을 받고 예루살렘과 온 유대와 사마리아와 땅 끝까지 이르러 내 증인이 되리라(행 1:8).
>
> 각 사람에게 성령을 나타내심은 유익하게 하려 하심이라 (고전 12:7).

여섯째, 생명의 성령의 법은 기름부음이 되어 말씀을 생각나게 하시고 가르치시고 진리 가운데로 인도하신다. 보혜사 성령은 진리의 영이시고 그리스도의 영이시다. 성령은 오셔서 예수님의 영광을 나타내시고 예수님의 말씀을 생각나게 하시고 진리를 가르치시고 진리 가운데로 인도하신다.

본질적으로 진리의 말씀은 사람이 잘 가르칠 수 없으며 계시의 영이신 성령이 가르치는 것이다. 사람의 가르침은 성령에게로 잘 안내해 주는 몽학선생일 뿐이다.

> 보혜사 곧 아버지께서 내 이름으로 보내실 성령 그가 너희에게 모든 것을 가르치고 내가 너희에게 말한 모든 것을 생각나게 하리라(요 14:26).

> 너희는 주께 받은 바 기름부음이 너희 안에 거하나니 아무도 너희를 가르칠 필요가 없고 오직 그의 기름부음이 모든 것을 너희에게 가르치며 또 참되고 거짓이 없으니 너희를 가르치신 그대로 주 안에 거하라(요일 2:27).

일곱째, 생명의 성령의 법은 죽을 몸을 살려서 몸이 부활에 이르도록 한다.

예수 그리스도의 부활이 성령의 첫 열매인 것처럼 죽을 몸을 살리는 것은 성령이시다. 이 세상에서의 그리스도인은 예수 그리스도의 새 생명으로 말미암아 영이 거듭난 사람들이다.

마음은 마음의 새 법과 성령의 열매로 새롭게 변화되어 날마다 하나님의 성품에 이르러가고 있다. 그러나 몸은 아직 연약함 가운데 탄식하며 몸의 부활을 기다리고 있다. 성령은 우리 안에 거하셔서 썩고 욕되고 약한 육의 몸을 썩지 않고 영광스럽고 강하고 신령한 몸으로 다시 살리시는 일을 한다(고전 15:42-44).

> 예수를 죽은 자 가운데서 살리신 이의 영이 너희 안에 거하시면 그리스도 예수를 죽은 자 가운데서 살리신이가 너희

> 안에 거하시는 그의 영으로 말미암아 너희 죽을 몸도 살리시리라(롬 8:11).

> 이뿐 아니라 또한 우리 곧 성령의 처음 익은 열매를 받은 우리까지도 속으로 탄식하여 양자될 것 곧 우리 몸의 구속을 기다리느니라(롬 8:23).

마음에 숨은 속사람

그러면 생명의 성령의 법은 새사람 안에서 어떻게 일하는가? 새사람으로 거듭난 그리스도인 안에서는 어떤 일이 일어나는가?

이것을 알기 위해서는 새사람 안에 있는 속사람과 마음의 관계에 대해서 좀 더 깊이 알아볼 필요가 있다. 성경은 많은 곳에서 속사람과 마음에 대해서 말하고 있다.

이미 CHAPTER 4의 〈마음의 법〉에서 언급한 로마서 7장에서는 '속사람'을 마음과 지체(몸)와 구분하여 사용함으로써 다른 어떤 존재임을 나타내고 있음을 보았다. 마음과 지체가 아닌 다른 존재는 영밖에 없다. 또한 속사람은 속에 있는 사람을 이르는 말인데 고린도전서에서는 이를 "사람의 속에 있는 영"이라고 표현하고 있다(고전 2:11). 이로 보건대 속사람은 새 생명으로 거듭난 영이라는 것을 알 수 있다.

내 속사람으로는 하나님의 법을 즐거워하되 내 지체 속에서 한 다른 법이 내 마음의 법과 싸워 내 지체 속에 있는 죄의 법으로 나를 사로잡는 것을 보는도다. 오호라 나는 곤고한 사람이로다 이 사망의 몸에서 누가 나를 건져내랴(롬 7:22-24).

그의 영광의 풍성함을 따라 그의 성령으로 말미암아 너희 속사람을 능력으로 강건하게 하시오며(엡 3:16).

이와 같이 속사람은 하나님의 생명으로 거듭난 영이다. 속사람(영)은 새사람 안에서 성령으로 말미암아 하나님과 소통하고 하나님께서 은혜로 주신 것을 아는 존재다(고전 2:10-13). 성령은 속사람과 함께 거하면서 탄식함으로 기도하시고(롬 8:26), 속사람으로 더불어 증거하시고(롬 8:15-16), 가르치시고(요일 2:27), 생각나게 하시고(요 14:26), 인도하신다(요 16:13; 롬 8:14).

그런데 여기서 문제는 이와 같이 성령께서 속사람인 영으로 더불어 증거하시고 말씀하시고 가르치시고 생각나게 하시고 인도하시는 것들을 마음에서 어떻게 알 수 있느냐 하는 것이다. 다시 말하면 영에 속한 언어를 마음의 언어로 어떻게 지각하여 소통할 수 있는가 하는 문제. 하나님의 음성을 사람의 말로 알아들어야 하기 때문이다.

하나님은 성령으로 계속하여 말씀하시는데 우리는 마음에서 분별하지도 알아듣지도 못한다면 어떻게 소통과 교제가 되겠는가?

예수님은 이러한 소통과 교제에 대하여 더불어 먹고 마시는 것으로 말씀하셨다.

> 내가 문밖에서 두드리노니 누구든지 내 음성을 듣고 문을 열면 내가 그에게로 들어가 그와 더불어 먹고 그는 나와 더불어 먹으리라(계 3:20).

이 말씀은 믿지 않는 자의 영접을 위한 말씀이라기보다는 라오디게아교회 성도들에게 주신 말씀이다. 이로 보아 이미 그리스도인의 속사람 안에 계신 주님께서 새사람의 속사람 안에서 마음의 문을 두드려 신호를 보내시고 계시다는 것을 알 수 있다. 그 음성을 듣고 우리가 마음의 문을 열면 주님께서 속사람으로부터 마음 가운데로 오셔서 함께 더불어 먹고 마시고 교제하시겠다는 말씀이다.

우리의 마음은 속사람(영)과 어떻게 연합되어 있고 어떻게 소통할 수 있는가?

마음은 영의 언어를 어떻게 마음의 언어로 지각할 수 있는가?

새사람 안에서 속사람과 마음이 서로 어떻게 결합되어 있는지에 대한 단서가 되는 소중한 말씀이 있다.

> 오직 마음에 숨은 사람을 온유하고 안정한 심령의 썩지 아니할 것으로 하라 이는 하나님 앞에 값진 것이니라(벧전 3:4).

이 말씀을 보면 놀랍게도 "마음에 숨은 사람"이라는 표현이 나온다. 마음에 숨어 있는 사람이 누구겠는가?

마음에 몸이 숨을 수는 없다. 마음에 마음이 숨을 일도 없다고 보면 마음에 숨은 사람은 속사람인 영이 틀림없을 것이다. 또한 마음에 숨은 사람을 온유하고 안정한 "영"(spirit)으로 표현한 것을 봐도 그렇다.

그런데 왜 속사람인 영을 마음에 숨은 사람이라 표현했을까?

이 표현은 실제로 속사람이 마음에 숨은 사람처럼 존재하고 있는 모습을 그림처럼 말한 것이기도 하고 또한 숨어있다는 표현을 통해 주고자하는 다른 의미도 있다고 생각한다. 먼저 마음에 숨어있다는 것은 마음으로 감싸여 있다는 것을 상상할 수 있다. 마음에 숨어 있기 때문에 마음을 통해서 속사람에게로 들어갈 수 있고 마찬가지로 속사람으로부터 나오는 것을 마음에서 받을 수 있을 것이다.

마음에 감싸여 있기 때문에 마음의 어떠함에 따라 속사람이 영향을 받고 영의 어떠함에 따라 마음이 영향을 받게 된다. 아무리 영이 충만하여 밖으로 흘러나오려 해도 마음이 딱딱하게 굳어 있다면 속사람의 말을 잘 들을 수 없게 될 것이다. 마찬가지로 마음에서 속사람 안으로 들어가기도 어려울 수밖에 없다.

두 손을 마주잡고 그 안에 무엇인가 있다 생각하고 아주 꽉 쥐어보라. 손가락 사이에 빈틈이 전혀 없어 안에서도 나올 수 없고 밖에서도 들어갈 수 없을 것이다. 이제는 느슨하게 쥐어보라. 손가락 사이로 공기가 쉽게 드나들 것이다. 이렇게 감싸고 있는 마음이 부드럽고 말랑말랑하면 아마 속사람과 들고나며 소통하기 쉬울 것이다.

이처럼 속사람과 마음은 서로 연합되어 있어 소통하며 무엇인가 서로 주고받게 되어 있다. 속사람의 사정과 속사람의 말은 마음을 통해서 흘러나오고 이를 마음이 지각하여 아는 것이다. 그러므로 영의 말을 이해하고 알려고 하면 먼저 마음을 부드럽고 새롭게 해서 속사람 안에 있는 말과 충만한 것들이 흘러나올 수 있게 해야 한다.

그리고 마음의 생각과 지각을 사용하여 영의 말을 들을 수 있어야 한다. 물론 속사람인 영이 말씀과 성령으로, 은혜와 진리로, 하나님의 모든 충만하신 것으로 충만하지 않는다면 영으로부터 마음으로 흘러나올 것 또한 없게 된다. 이렇게 속사람(영)은 마음과 결합하여 서로 긴밀하게 영향을 주고받으며 한가지로 같이 간다.

선한 양심

마음에는 양심이라는 기능이 있다. 우리가 종종 '양심에 따라,' '양심을 걸고'라는 식의 말을 하곤 하는데 사실 양심이 무슨 일을 어떻게 하는지에 대해서 정확히 정의하기는 쉽지 않다. 양심(良心)은 사전적 의미로는 '사물의 가치를 변별(辨別)하고 자기의 행위에 대하여 옳고 그름과 선과 악의 판단을 내리는 도덕적 의식'이라고 정의하고 있다. 분별하고 판단하는 기준에 대한 마음의 어떤 의식이나 지각 같은 것으로 이해할 수 있다.

양심(良心, conscience)이라고 번역되는 헬라어는 '쉬네이데시스'(συνειδησις)인데 '함께'를 뜻하는 접두어 '순'(συν)과 '내적으로 알다'라는 뜻의 어간 '오이다'(οιδα)가 합성된 단어다. 헬라어 어원으로 그 의미를 이해한다면 양심은 '안에서 함께 아는 기능'이라고 말할 수 있다.

앞에서 살펴본 것같이 우리 안에서 아는 존재는 영이기 때문에 양심이 '안에서 함께 안다'는 것은 영에서 아는 것을 양심이 함께 지각하여 안다는 뜻일 것이다. 즉 양심은 우리 속사람(영) 안에서 일어나는 것을 영과 더불어 안다 또는 하나님과 더불어 안다는 의미다. 이렇게 볼 때 양심은 마음이 속사람의 사정과 말을 지각하고 분별하는데 중요한 역할을 하는 마음의 어떤 기관임을 알 수 있다. 속사람과 마음 사이에서 판단하고 분별하는 신비로운 역할을 하는 것이다.

그러면 양심은 무엇을 근거로 분별하고 판단하는가?

> 율법 없는 이방인이 본성으로 율법의 일을 행할 때에는 이 사람은 율법이 없어도 자기가 자기에게 율법이 되나니 이런 이들은 그 양심이 증거가 되어 그 생각들이 서로 혹은 고발

하며 혹은 변명하여 그 마음에 새긴 율법의 행위를 나타내
느니라(롬 2:14-15).

이 말씀은 양심이 무슨 일에 대하여 판단하는 증인이 된다는 사실을 가르쳐준다. 양심이 증언한다는 것은 법정에서 마음에 새겨진 법에 따라 무엇의 옳고 그름을 판단하고 말한다는 것이다. 양심은 홀로 그 자신이 옳고 그름의 판단 준거가 되는 것이 아니다. 판단하는 어떤 기준이 있어야 한다.

무엇이 그 기준이 되는가?

모든 판단은 기준이 되는 법이 있어야 한다. 양심이 판단하는 기준이 되는 것이 마음에 새겨진 법이다. 각 사람마다의 마음에 새겨진법이 그 사람의 양심의 기준이 되는 것이다. 양심은 그 기준을 따라서 치우침 없이 판단하고 분별하는 기능을 할 뿐이다. 만약에 마음에 옛사람의 법이 새겨져 있다면 양심은 옛사람의 마음의 법을 따라 판단하게 되고 새사람의 새 법인 말씀이 새겨져 있다면 양심은 그 말씀에 따라 판단하는 것이다.

이렇게 말씀이 마음의 법정에서 양심이 판단하고 분별하는 법이 되므로 말씀을 갖는 것은 중요한 일이다. 말씀이 없다면 판단하고 분별할 법과 기준이 없는 것과 같기 때문에 양심은 결국 분별할 수 없게 되고 우리 마음은 하나님의 뜻을 알 수 없게 된다.

이렇게 본다면 양심은 법에 따라 치우침 없이 정확히 판단하는 판사와 같은 역할을 하는 것과 같다. 판사는 법대로 판단할 수밖에 없기 때문에 적용되는 법이 중요하다. 마찬가지로 양심의 판단에 중요한 것은 어떤 법이 마음의 법으로 새겨져 있느냐 하는 것이다.

이와 같이 마음에서 양심의 역할과 기능은 매우 중요하다. 속사람의 일이 마음으로 전달될 때 양심이라는 창을 통과하면서 이것이 하나님의 법인 말씀에 따라 지각하고 분별하는 역할을 하기 때문이다.

성경은 더 나아가 이 양심을 그 상태에 따라서 몇 가지로 구분하여 말한다. 선악의 정도에 따라 선한 양심과 악한 양심과 화인 맞은 양심으로 구분하고 청결한 정도에 따라 청결한 양심과 더러운 양심으로 구분하기도 한다. 또한 하나님을 아는 지식과 어떤 것을 받아들일 수 있는 자유가 어느 정도냐에 따라 강한 양심과 약한 양심으로 구분하기도 한다.

> 이 교훈의 목적은 청결한 마음과 선한 양심과 거짓없는 믿음에서 나는 사랑이거늘(딤전 1:5).

> 우리가 마음에 뿌림을 받아 악한 양심으로부터 벗어나고 몸은 맑은 물로 씻음을 받았으니 참 마음과 온전한 믿음으로 하나님께 나아가자(히 10:22).

> 그러나 성령이 밝히 말씀하시기를 후일에 어떤 사람들이 믿음에서 떠나 미혹하는 영과 귀신의 가르침을 따르리라 하셨으니 자기 양심이 화인을 맞아서 외식함으로 거짓말하는 자들이라(딤전 4:1-2).

이 말씀들은 선한 양심이 악해질 수 있음을 알려준다. 양심은 죄와 악으로 오염되어 악하게 될 수 있는 것이다. 이러한 악한 양심에서 더 나아가면 화인 맞은 양심이 된다. 양심이 화인 맞아 작동하지 못하게 되면 믿음에서 떠나 미혹하는 영과 귀신의 거짓된 가르침을 받게 되고 거짓과 진리를 분별하지 못하고 결국 외식(外飾)하는 삶으로 나타나게 된다. 결국 악한 양심이나 화인 맞은 양심으로는 마음의 법이 있다 할지라도 선악을 분별하지 못하게 되는 것이다.

또한 양심은 청결하기도 하고 더러워질 수도 있다. 양심이 청결하면 청결한 것을 분별할 수 있고 양심이 더러우면 청결한 것을 볼 수 없다. 청결한 양심은 하나님을 섬기고 믿음의 비밀을 아는 열쇠가 된다. 그래서 악한 양심은 예수 그리스도의 피로 뿌림을 받아 깨끗하게 되어 선한 양심으로 회복되어야 하는 것이다(히 10:22).

> 깨끗한 양심에 믿음의 비밀을 가진 자라야 하리니(딤전 3:9).

> 내가 밤낮 간구하는 가운데 쉬지 않고 너를 생각하여 청

결한 양심으로 조상적부터 섬겨오는 하나님께 감사하고
(딤후 1:3).

깨끗한 자들에게는 모든 것이 깨끗하나 더럽고 믿지 아니하
는 자들에게는 아무것도 깨끗한 것이 없고 오직 그들의 마
음과 양심이 더러운지라(딛 1:15).

양심이 선하고 청결하다는 것은 마음속에 속사람의 비밀을 바라보고 식별할 수 있는 깨끗한 창문이 만들어진 것과 같다. 그렇기 때문에 선한 양심은 속사람으로 더불어 말씀하시는 성령의 음성을 듣고 그 뜻을 분별할 수 있는 지각을 연단하는데 매우 유익하다.

베드로전서 3:21의 말씀은 선한 양심이 하나님을 향하여 표지와 증거와 보증이 되고 하나님께 대하여 반응하고 응답한다고 말한다. 양심이 마음에서 하나님의 음성을 듣고 분별하고 소통하는데 중요한 역할을 하고 있음을 알 수 있다.

물은 예수 그리스도께서 부활하심으로 말미암아 이제 너희
를 구원하는 표니 곧 세례라 이는 육체의 더러운 것을 제
하여 버림이 아니요 하나님을 향한 선한 양심의 간구니라
(벧전 3:21).

> And that water is a picture of baptism, which now saves you, not by removing dirt from your body, but as a response to God from a clean conscience. It is effective because of the resurrection of Jesus Christ(1Pe 3:21, NLT).

사람들이 양심을 어떻게 이해하고 있는가를 알려주는 말이 있다. '양심의 소리'라는 말이다. 이는 양심이 말을 한다고 생각하고 있는 것이다. 케네스 해긴(Kenneth E. Hagin) 목사는 『하나님과 동행하기』(서울: 베다니출판사, 2008)에서 양심의 소리를 '하나님이 우리 속사람으로 더불어 말씀하신 영의 음성'이라고 말했다.

이와 같이 양심의 소리는 영의 소리로 이해할 수도 있고, 또는 속사람의 사정과 음성을 알고 분별하는 지각의 바로미터라고 이해할 수도 있다. 어떻게 이해하든 양심은 마음의 가장 깊은 곳에 있는 영과 마음 사이의 경계에서 영과 마음이 소통하는 통로 역할을 하는 기관임에는 틀림없다고 생각된다.

양심은 마음속에서 영과 가장 가까이 있는 위치에서 영에서 일어나는 일을 접수하고 분별하여 우리 마음의 지각에 알려 주는 것이다. 마치 안테나가 전파신호를 잡아서 우리가 듣고 볼 수 있는 음성과 화면으로 전달해 주는 것과 같다. 양심은 마음의 눈이라고 말할 수 있다(엡 1:18). 마음의 눈이 밝아져서 속사람의 사정과 음성을 눈으로 보는 것처럼 밝히 알게 되는 역할을 하는 것이다. 그렇기 때문에 만약 우리 마음에서 속사람으로 더불어 말씀하시는 하나님의 음성을 듣지 못하고 분별하는 것이 어렵다면 양심에 대해서 돌아볼 필요가 있다.

우리는 이미 예수 그리스도의 피로 인하여 죄의 법 아래서 더러워진 악한 양심으로부터 벗어났다. 말씀으로 청결하고 선한 양심을 갖도록 날마다 마음과 양심을 새롭게 함으로써 하나님을 아는 지식 안에서 강하고 담대하고 거리낌 없는 양심을 갖도록 해야 한다.

성령의 인도함을 받는 사람

그러면 새사람은 어떻게 생명의 성령의 법을 따라 살 수 있는가? 성령은 어떻게 새사람을 생명의 성령의 법으로 통치하고 인도하시는가?

먼저 가장 중요한 사실은 성령은 우리의 속사람인 영을 통하여 인도하신다는 점이다. 이는 사람 안의 세 존재인 영과 혼과 몸 중에서 물리적 영역인 몸의 신체적인 감각이나 혼의 정신적 영역인 마음의 법이나 논리적인 지식을 통해 인도하지 않으신다는 것이다. 이러한 방식은 옛사람의 삶의 방식이다. 옛사람은 죄의 법과 마음의 법의 지배를 받기 때문에 육신을 통한 신체적인 감각의 인도를 받거나 정신적인 이성과 도덕율의 인도를 받아서 사는 사람이다.

그러나 하나님의 생명으로 거듭난 새사람은 더 이상 죄의 법과 마음의 법의 지배를 받는 육신의 사람이 아니다. 새사람은 생명의 성령의 법의 인도를 받는 영의 사람이다. 하나님의 영인 성령이 그 속사람 안에 거하신다. 그러므로 새사람은 영에 속한 사람이다.

> 만일 너희 속에 하나님의 영이 거하시면 너희가 육신에 있지 아니하고 영에 있나니 누구든지 그리스도의 영이 없으면 그리스도의 사람이 아니라(롬 8:9).

성령은 속사람 안에 거하시면서 무엇을 하시는가?

아무 말도 안하시고 아무 일도 안하시고 가만히 계시는 것이 아니다. 성령은 영으로 더불어 계속해서 증거하시고 말씀하시고 가르치시고 생각나게 하시고 기도하신다.

그럼 우리가 영으로 더불어 말씀하시는 성령의 음성을 잘 듣고 그 인도하심을 따라 살려면 어떻게 해야 하는가?

어떻게 하면 여전히 육신의 구습을 좇아서 살려고 하는 옛사람의 습관을 통제하고 성령의 법을 따라 살 수 있는가?

모든 사람에게 똑같이 적용할 수 있는 단 하나의 가장 좋은 방법은 없다. 하나님과의 인격적인 관계이기 때문에 각 개인마다 가장 적합한 방식으로 하나님께서 말씀하시고 알게 하시고 인도하실 것이다. 여기서는 하나의 길잡이로 먼저 로마서 8장에서 말씀하는 성령의 인도를 받는 순서를 따라가 보자.

로마서 8장은 생명의 성령의 법이 죄와 사망의 법으로부터 새사람을 해방시키는 것으로부터 시작된다. 로마서 8장은 정죄와 죄의 법으로부터 해방된 이 새사람이 성령으로 율법의 요구를 성취할 뿐만 아니라(롬 8:3-4) 성령의 인도하심을 받아 예수 그리스도의 영광에까지 성화되는(롬 8:29-30) 새사람의 여정을 파노라마처럼 말씀해 주고 있다.

성령의 인도함을 받는 첫째 단계는 영의 일을 생각하는 것이다.

육신을 따르는 자는 육신의 일을 생각하고 영을 따르는 자는 영의 일을 생각한다. 생각의 어떠함이 누구를 따르고 있느냐를 말해 준다.

> 육신을 따르는 자는 육신의 일을, 영을 따르는 자는 영의 일을 생각하나니 육신의 생각은 사망이요, 영의 생각은 생명과 평안이니라(롬 8:5-6).

마음에는 생각이라는 것이 있다.

마음에 있는 생각은 무엇인가?

생각이 무엇이길래 영을 따르는 일에 이렇게 중요한 역할을 하는가?

생각은 마음으로 들어가는 첫 문이라 할 수 있다. 생각이 시작되는 것을 살펴보면 알 수 있다. 우리는 종종 '생각이 떠오른다'는 말을 한다. 그렇다. 생각은 가만히 있으면 떠오른다. '떠오른다'는 말은 마치 호수의 깊은 곳에서 무엇인가 수면으로 떠오르는 것과 같은 표현이다. 생각은 마음의 깊은 곳에 가라앉아 있다가 어느 순간에 떠오르는 것이다. 이로 볼 때 생각은 호수의 수면처럼 마음의 맨 바깥 표면에 위치하고 있음을 알 수 있다.

적극적인 의지로 생각을 붙잡지 않고 그야말로 아무 생각 없이 있으면 여러 잡동사니 생각들이 그냥 떠오르게 된다. 이런 생각들은 잡념, 욕심, 재리의 염려, 불안, 자랑, 향락, 음욕, 시기, 원망, 미움, 분노, 허무 등과 같은 생각일 가능성이 높다. 대부분 옛사람의 습관에 따른 육신의 생각들이다. 이런 육신의 생각들을 아무 생각 없이 그냥 받아들이면 안 된다. 그냥 받아들이게 되면 이런 무의미한 생각들이 마음을 가득 채우고 지배하게 된다.

옛사람으로 사는 동안 우리 생각은 얼마나 많이 허망해졌는가!

죄는 우리 안에 들어와 가장 먼저 우리의 마음을 어둡게 하고 생각을 허망하게 만들었다. 가롯 유다가 예수님을 팔게 된 것은 "예수를 팔려는 생각"을 마귀가 주었는데 그것을 자기 생각으로 받아들였기 때문이다(요 13:2). 가롯 유다는 마귀가 준 예수를 팔려는 생각을 따라서 실제로 파는 행동으로 옮겼다. 생각이 길을 내면 행동이 뒤따르게 된다. 항상 생각이 먼저 들어와 앞서고 행동이 뒤따르는 것이다.

> 하나님을 알되 하나님을 영화롭게도 아니하며 감사하지도 아니하고 오히려 그 생각이 허망하여지며 미련한 마음이 어두워졌나니(롬 1:21).

생각에는 육신의 생각과 영의 생각 두 종류의 생각이 있다. 마음에는 육신의 생각이든 영의 생각이든 생각이 깃들지 않는 그런 시간은 거의 없다. 생각은 적극적으로 영의 일을 생각하지 않고 가만히 놔두면 옛사람의 습관대로 육신의 일을 생각하게 된다. 육신의 생각은 그 자체가 사망에 속한 것이다. 하나님의 말씀에 굴복하지도 않고 굴복할 수도 없다. 그래서 육신의 생각은 하나님과 원수가 될 뿐 아니라 하나님을 기쁘시게 할 수도 없는 것이다(롬 8:5-8).

영의 일을 생각하는 것은 새로운 습관이기 때문에 연습을 해야 한다. 의식적으로 하나님과 예수님과 성령님을 생각하고 말씀을 생각하고 하나님의 나라에 관한 일들을 생각해야 한다. 영의 일에 대하여 지속적으로 생각할 수 있도록 연단되어 있지 않으면 육신의 생각은 바로 들어와서 자리 잡기 때문이다. 생각은 영으로 들어가는 마음의 첫 문이다. 그렇기 때문에 육신의 일에 생각의 문을 열면 육신의 생각, 즉 자기 마음에 새겨진 법을 따라 살게 되고 영의 일에 생각의 문을 열면 영을 따라 살게 되는 것이다.

영의 생각은 생명과 평안이다. 염려와 불안은 영의 생각이 아니다. 마귀와 죄와 사망은 생각을 통해 침투한다. 생각의 통로를 내주면 마음을 내주게 되고 마음을 내주면 죄와 사망에 사로잡혀 지배당하게 되고 만다.

영을 따라 살려면 생각하는 방식을 바꿔야 한다. 성령의 인도함을 받는 첫 번째 일은 영의 일을 생각하는 것이다. 그 마음의 생각의 어떠함이 그 사람의 어떠함이다. 하나님은 우리가 생각하는 것을 넘치도록 하시는 분이다.

> 대저 그 마음의 생각이 어떠하면 그 위인도 그러한즉 (잠 23:7).

> 우리 가운데서 역사하시는 능력대로 우리의 온갖 구하는 것이나 생각하는 것에 더 넘치도록 능히 하실 이에게 (엡 3:20).

성령의 인도함을 받는 둘째 단계는 영으로써 몸의 행실을 죽이는 것이다.

몸의 행실을 죽인다는 것은 죄의 법을 따라 사는 옛사람의 방식인 육신대로 살지 않고 그 육신의 지배를 받지 않는 것을 말한다.

> 그러므로 형제들아 우리가 빚진 자로되 육신에게 져서 육신

대로 살 것이 아니니라 너희가 육신대로 살면 반드시 죽을 것이로되 영으로써 몸의 행실을 죽이면 살리니(롬 8:12-13).

새사람이 이제 영의 일을 생각하며 성령을 따라 살려고 하지만 그것이 그렇게 쉽지 않다. 여전히 육신의 생각과 옛사람의 방식을 따라 살려는 몸의 습관이 남아있기 때문이다.

옛사람의 중독된 몸의 습관을 따라 육신대로 살지 않으려면 어떻게 해야 하는가?

영으로써 몸의 행실, 즉 육신의 생각과 행동을 죽여야 한다. 여기 '영으로써 몸의 행실을 죽인다'는 것의 의미를 이해하기는 쉽지 않은 표현이다. 로마서가 말씀하는 몸의 행실을 죽인다는 것은 이방종교와 같이 몸의 정욕을 제어하기 위해 금욕하거나 수양하는 것이 아니다. 이러한 것들은 몸을 괴롭게 할 뿐 육체 따르는 것을 금하는 데는 조금도 유익이 없는 것들이다(골 2:23).

몸의 행실을 죽이는 것은 말씀 그대로 영으로써 하는 것이고 영으로만 가능한 것이다. 영에 속한 말씀으로, 진리로, 성령으로 육신을 통해 역사하는 죄에게 '사실을 말하고 주장하는 것'이다.

사실이 무엇인가?

우리는 예수 그리스도와 연합하여 죄에 대하여는 죽은 자요 그리스도 예수 안에서 하나님께 대하여는 산자가 되었다. 이 진리의 사실을 믿고 죄에게 이 진리의 말씀 그대로 사실을 주장하고 선포하는 것이다. 우리는 죄의 법 아래 있지 않고 은혜 아래 있기 때문에 죄와 육신은 더 이상 우리를 주장할 권리도 없고 능력도 없는 것이다. 그렇기 때문에 죄에게 이렇게 말하고 주장한 다음에 자신의 지체를 불의의 무기로 죄에게 내주지 않고 의의 무기로 하나님께 드리면 된다. 말씀의 사실을 믿고 말로써 주장하기 전에는 육신과 죄가 강하게 붙잡고 굴복시킬 것 같은 어떤 힘에 사로잡히게 된다. 몸을 의의 병기로 하나님께 드릴 힘이 생기지 않는다.

  그러나 마음으로 믿고 말로 주장하고 선포하고 나면 죄와 육신은 무기력하게 되고 만다. 그러면 자기 몸을 의의 병기로 드리는 것이 아주 힘들지 않다는 것을 알게 되는 것이다. 이것이 영으로써 육신을 죽이는 것이다. 그러면 죄와 육신은 더 이상 속이지 못하고 아무런 힘도 발휘하지 못한다. 아무런 권리도 권세도 없는 죄의 정체가 드러났기 때문이다.

> 이와 같이 너희도 너희 자신을 죄에 대하여는 죽은 자요 그리스도 예수 안에서 하나님께 대하여는 살아 있는 자로 여길지어다(롬 6:11).

> 그러므로 너희는 죄가 너희 죽을 몸을 지배하지 못하게 하여 몸의 사욕에 순종하지 말고 또한 너희 지체를 불의의 무

> 기로 죄에게 내주지 말고 오직 너희 자신을 죽은 자 가운데서 다시 살아난 자 같이 하나님께 드리며 너희 지체를 의의 무기로 하나님께 드리라 죄가 너희를 주장하지 못하리니 이는 너희가 법 아래에 있지 아니하고 은혜 아래에 있음이라 (롬 6:12-14).

"죄가 주장하지 못하리니"라는 말씀은 죄가 무력화되는 것을 말한다.

죄는 어떻게 무력화 되는가?

죄를 짓지 않으리라는 결심으로 죄와 맞서서 굴복시켜야 하는가?

아니다. 우리가 싸워 이기는 것이 아니다. 죄를 굴복시키는 것은 우리 자신의 실존적인 실제 모습과는 관계없이 예수 그리스도와 함께 죄에 대해서 죽고 의에 대하여 다시 살아난 자로 여기는 것이다. 그리고 자신의 몸을 의의 병기로 하나님께 드리는 것이다. 믿음으로 주장하는 것만큼 자기 몸을 지배할 수 있다. 죄에 대해 죽은 자로 여기면 그만이다. 몸을 지배하려는 죄에 대하여 이 사실을 선포하면 된다. 이것이 몸을 쳐서 복종시키는 것이다.

몸을 학대하거나 금욕하는 것이 아니다. 믿음으로 말씀을 선포하는 것이다. 믿음으로 바라보지 않고 죄의 욕구를 인정하면 죄는 자기가 마치 살아 있는냥 행세한다. 예전에 그랬던 습관을 따라 왕 노릇하려고 한다. 생명의 성령의 법이 없을 때는 죄를 이길 수 있는 방법이 없었으나 이제는 속지만 않으면 된다. 말씀을 믿고 선포하는 만큼 승리할 수 있다.

이것이 믿음과 성령과 말씀으로 죄와 육신을 대적하는 방법이다. 영으로써 죄의 법과 싸우고 육신의 행실을 죽이는 것은 행위로 싸우는 것이 아니다. 착한 행실이나 마음의 도덕율 같은 것으로 싸우는 것이 아니다. 열심과 헌신과 훈련과 같은 종교적인 어떤 것으로 싸우는 것도 아니다. 말씀과 성령과 믿음과 같은 영으로서 하는 것이다.

성령의 인도함을 받는 셋째 단계는 속사람으로 더불어 증거하시는 성령님의 인도하심을 받는 것이다.

속사람 안에서 증거하시고 가르치시고 생각나게 하시고 말씀하시고 기도하시는 성령의 인도하심에 대해서는 이미 앞에서 〈마음에 숨은 속사람〉을 통해 충분히 말했다.

> 무릇 하나님의 영으로 인도함을 받는 사람은 곧 하나님의 아들이라 (중략) 성령이 친히 우리의 영과 더불어 우리가 하나님의 자녀인 것을 증언하시나니(롬 8:14-16).

여기서 중요한 것은 영으로부터 나오는 성령의 음성을 들을 수 있어야 한다는 것이다. 속사람이 성령의 음성을 듣고 따르기 위해서 할 일은 두 가지다. 하나는 영을 개발하는 것이고 또 하나는 마음의 지각을 연단하는 것이다. 한쪽만 해서는 부족하다. 영을 개발하고 마음의 지각을 연단하는 것은 동시에 하나로 해야 한다. 한쪽에 치우쳐서 영만 개발하고 마음을 연단하지 않으면 소위 영성은 깊은데 성품은 사랑이 없는 은사주의자와 같이 되고 영성은 개발하지 않고 마음만을 연단하게 되면 세상의 마음수련과 같은 착하고 도덕적인 사람이 되고 만다.

그럼 어떻게 영을 개발하고 마음의 지각을 연단할 수 있는가?

이에 대해 에베소교회 성도들을 위한 바울의 기도인 에베소서 3:16-19의 말씀은 깊은 통찰력을 주고 있다.

첫째, 영을 개발하는 길은 성령으로 말미암아 속사람을 능력으로 강건하게 하는 것이다.

> 그의 영광의 풍성함을 따라 그의 성령으로 말미암아 너희 속사람을 능력으로 강건하게 하시오며(엡 3:16).

속사람을 강건하게 하시는 분은 성령이다. 성령이 속사람을 강하게 하신다. 속사람은 성령의 권능으로 강해져야 한다. 속사람은 성령으로 충만해야 한다. 성령의 기름부음과 계시의 빛으로 충만해서 속사람으로부터 생명과 능력과 빛의 충만한 것이 밖으로 흘러 넘쳐서 마음과 몸을 통치할 수 있어야 한다.

성령으로 충만하고 성령이 속사람을 강건하게 하는 좋은 방법 중 하나는 방언으로 기도하는 것이다. 방언은 영으로 비밀을 말하는 기도이기 때문에 영을 개발하고 영을 강건하게 한다(고전 14:2). 바울은 모든 사람보다 더 많이 영으로 기도하고 영으로 찬송했다고 말한다(고전 14:15, 18). 방언은 말로 다 표현할 수 없는 것을 영으로 기도하는 것이고(롬 8:26) 마음의 생각과 여러 소음을 가라앉히고 고요한 심령을 주기 때문에 마음의 지각이 성령의 음성을 잘 들을 수 있도록 해 준다.

둘째, 마음을 연단하는 길은 믿음으로 그리스도가 마음에 항상 계시도록 하는 것이다.

> 믿음으로 말미암아 그리스도께서 너희 마음에 계시게 하옵시고(엡 3:17).

> 내가 그리스도와 함께 십자가에 못 박혔나니 그런즉 이제는 내가 산 것이 아니요 오직 내 안에 그리스도께서 사신 것이라 이제 내가 육체 가운데 사는 것은 나를 사랑하사 나를 위하여 자기 자신을 버리신 하나님의 아들을 믿는 믿음 안에서 사는 것이라(갈 2:20).

> 너희를 불러 그의 아들 예수 그리스도 우리 주와 더불어 교제하게 하시는 하나님은 미쁘시도다(고전 1:9).

그리스도가 우리 마음에 거하시도록 하는 것은 믿음으로 하는 것이다. 믿음으로 마음을 열고 들어오시도록 하면 그리스도는 우리 마음에 들어오셔서 거하시며 먹고 마시고 말씀하시고 교제하신다(계 3:20). 교제를 통해서 그리스도로부터 생명과 사랑의 공급을 받아 자라가게 되는 것이다. 마음은 교제와 사랑을 통해서 연단되고 자라간다. 그리스도인의 새 생명은 공부나 지식이나 종교적인 열심이나 활동으로 자라는 것이 아니다. 성령으로 말미암아 살아계신 예수 그리스도와의 인격적인 교제를 통해서 생명과 성품과 지혜와 사랑을 공급받으므로써 자라는 것이다.

셋째, 영의 개발과 마음의 연단은 그리스도의 사랑을 알고 그 사랑 안에서 자라갈 때 온전하게 성취된다.

> 믿음으로 말미암아 그리스도께서 너희 마음에 계시게 하옵시고 너희가 사랑 가운데서 뿌리가 박히고 터가 굳어져서 능히 모든 성도와 함께 지식에 넘치는 그리스도의 사랑을 알고 그 너비와 길이와 높이와 깊이가 어떠함을 깨달아 하나님의 모든 충만하신 것으로 너희에게 충만하게 하시기를 구하노라(엡 3:17-19).

예수님은 우리의 마음에 계시면서 교제를 통해 사랑을 알게 해 주신다. 그리스도의 사랑은 무한한 너비와 길이와 높이와 깊이를 가진 헤아릴 수 없는 사랑이다. 사랑이 최고의 영성이다. 하나님은 사랑이시기 때문에 최고의 법인 사랑에까지 자라는 것이 궁극의 목적이다.

이와 같이 바울의 기도의 순서를 따라 성령으로 속사람을 강건하게 하고, 마음에 항상 그리스도가 계시게 하고, 마음에 거하시는 그리스도로부터 사랑을 배워 그 사랑 안에서 자라가야 한다. 그러면 성령은 하나님의 모든 충만하신 것으로 충만하게 채우시고 사랑으로 말하고 사랑으로 인도하신다. 사랑의 열매로써 율법을 완성하시는 것이다.

말씀은 씨와 같다

앞의 〈성령의 인도함을 받는 사람〉에서 말한 모든 것들은 성령이 혼자 하시는 것이 아니라 말씀을 가지고 하시는 일들이다. 로마서 8장에서의 영의 일을 생각하고, 영으로써 몸의 행실을 죽이고, 성령의 증거와 가르치심과 생각나게 하심을 듣고 그 인도함을 받는 새로운 삶의 여정은 모두 성령이 말씀으로 하시는 것이다. 에베소서 3장에서 말하는 성령의 능력으로 속사람을 강하게 하고, 믿음으로 그리스도가 마음에 계시게 하고, 그리스도의 사랑을 알고 그 사랑으로 충만하게 되는 이 모든 것 또한 성령이 말씀을 가지고 하시는 일이다.

영의 일을 생각하는 것이든지, 성령이 증거하고 가르치고 생각나게 하시는 일이든지, 그리스도가 마음에 계시도록 하는 일이든지 말씀이 있어야 하고 말씀을 통해서만 할 수 있다. 생각을 하려면 생각할 소재가 되는 생각거리가 있어야 한다. 영의 일을 생각하려면 영의 양식이자 생각거리인 말씀이 마음에 풍성하게 있어야 한다.

말씀이 없다면 무엇을 생각하겠는가?

말씀이 없다면 무엇으로 함께 먹고 마시고 어떻게 교제하고 분별할 수 있겠는가!

교제는 풍성한 말씀을 먹고 마시면서 할 수 있는 것이다. 성령은 말씀을 가지고 일하시고 또한 교제를 통해 일하신다. 성령은 말씀을 알게 하시는 지혜와 계시의 영이시다(엡 1:17). 말씀을 아는 빛을 마음에 비추셔서 말씀을 알게 하시고, 지혜의 말씀과 지식의 말씀을 주신다(고전 12:8). 성령은 이렇게 말씀으로 일하시고 말씀으로 말씀하시고 말씀을 생각나게 하시고 말씀을 가르치시고 말씀으로 인도하신다. 말씀은 발의 등이고 길을 비추는 빛이다(시 119:105). 말씀은 성령의 검이다(엡 6:17). 그러므로 성령이 우리 안에서 말씀하시고 인도하시도록 하려면 하나님의 말씀을 가져야 한다.

검이 없는데 무슨 수로 싸울 수 있겠는가!

가진 말씀이 없는데 무슨 수로 생각나게 하겠는가!

말씀이 없으면 일회적으로 끝나기 쉽고 지속적으로 인도함을 받기는 어렵다. 말씀은 새사람의 영의 양식이고 빛이고 새 법이고 새

길이기 때문이다.

그럼 말씀은 어떻게 마음에 들어오고 어떻게 새겨지는가?

말씀은 우리 안에서 어떻게 일하고 어떻게 변화를 일으키는가?

이를 알기 위해서는 말씀의 본질이 무엇인가에 대해서 깊이 살펴볼 필요가 있다. 말씀이 무엇인가를 아는데 있어 말씀의 본질을 가장 잘 가르쳐주는 성경말씀 중 하나는 아마 '씨 뿌리는 자의 비유'일 것이다. 씨 뿌리는 자의 비유에서 가장 핵심적인 말씀은 씨가 하나님의 말씀이라는데 있다. 즉 하나님의 말씀은 씨와 같다는 것이다.

이 비유는 이러하니라 씨는 하나님의 말씀이요(눅 8:11).

말씀이 씨와 같다는 것은 어떤 의미인가?

씨가 가지고 있는 독특한 특성은 무엇인가?

씨는 땅에 뿌려져서 심겨진다. 땅은 씨를 받아서 부드러운 흙으로 덮는다. 흙으로 덮어진 씨는 그 속에서 보존되어 있다가 적합한 온도와 습도와 햇빛이 맞춰지면 자기 안에 있는 생명으로 싹을 틔워 땅 밖으로 나온다. 씨는 점점 자라서 잎을 내고 가지를 내고 줄기로 자라고 꽃을 피우고 열매를 맺는다. 열매 안에는 자기와 같은 씨를 삼십 배, 육십 배, 백 배로 갖고 있다. 씨가 심겨지고 자라서 다시 수십 배의 씨를 가진 열매를 맺는 여기에는 씨가 가진 생명의 신비로움이 있다.

이와 같은 신비로운 씨의 비유를 통해 말씀 또한 생명의 씨로써 마음의 밭에 심겨지고 자라서 삼십 배, 육십 배, 백 배의 열매를 맺는 그 신비를 가르쳐주고 있는 것이다.

첫째, 씨가 밭에 심겨지는 것처럼 말씀은 마음 밭에 심겨진다.

씨는 밭에 뿌리거나 흙을 헤쳐서 심는다.

그럼 말씀은 어떻게 마음에 심겨지는가?

말씀은 들음으로 마음 밭에 심겨진다. 말씀은 소리라는 말의 그릇에 담겨서 귀로 들려지고 귀로 들려진 그 소리가 영이요 생명인 말씀을 마음에까지 이르게 전달함으로써 마음 밭에 심겨지는 것이다.

둘째, 밭에 뿌려진 씨가 흙으로 덮여지고 보존되는 것처럼 말씀은 마음의 밭에 심겨져서 마음속에 보존된다.

길 가의 씨처럼 씨가 흙에 덮여 보존되지 않고 노출되어 있으면 새가 와서 먹게 된다. 바위에 떨어진 씨처럼 흙의 깊이가 얕으면 뿌리를 내리지 못하게 되고 결국 햇볕에 말라 자라지 못하게 된다. 여기서 중요한 것은 씨가 흙에 덮여 보존되어 있는 것처럼 말씀 또한 마음에 보존되고 간직되어야 한다는 것이다. 이것이 "말씀을 듣고 지키어 인내로 결실하는 자니라"는 말씀에서 '지킨다'는 말의 의미다.

> 좋은 땅에 있다는 것은 착하고 좋은 마음으로 말씀을 듣고 지키어 인내로 결실하는 자니라(눅 8:15).

여기 '지키어'라는 말은 '행한다(do)'는 뜻이 아니라 '지킨다(keep), 보존한다, 간직한다(retain)'는 뜻이다.

말씀이 씨라는 것에 얼마나 적합한 말인가!

씨를 행할 수는 없다. 씨는 보존되고 자라는 것이다. 말씀을 따라 행해야 한다는 율법적 강박관념과 교회의 종교적 가르침 때문에 말씀을 진리의 계시가 아니라 도덕과 윤리로 가르치고 있다. 말씀을 따라 행하려고 하면 안 된다. 말씀은 행하려고 한다고 해서 행할 수 있는 것도 아니다. 누구든지 행할 능력이 없기 때문이다. 말씀은 도덕으로 행하는 것이 아니라 씨와 같이 마음에 심고 잘 보존하고 간직해야 하는 것이다.

셋째, 씨는 씨가 가진 스스로의 생명력으로 자라나는 것처럼 마음에 보존된 말씀도 말씀이 가진 생명으로 자라난다.

그 누구도 씨로부터 싹이 나게 하고 자라도록 할 수 있는 것이 아니다. 농부는 씨를 심을 뿐 자라게 할 수는 없다. 오직 하나님만이 씨 안에 생명을 주시고 또 자라게 하신다. 흙 속에 보존되어 있는 씨는 봄이 되어 온도와 습도와 햇빛과 바람과 같은 조건이 갖춰지면 스스로의 생명력으로 자라는 것이다.

> 또 이르시되 하나님의 나라는 사람이 씨를 땅에 뿌림과 같
> 으니 그가 밤낮 자고 깨고 하는 중에 씨가 나서 자라되 어떻

게 그리 되는지를 알지 못하느니라(막 4:26–27).

말씀도 이와 같다. 말씀은 죽어있는 문자가 아니다. 말씀은 영이고 생명이다. 말씀은 활력이 있어서 마음 밭에서 스스로 작용하고 일하고 자라난다. 마음에 심겨져 잘 간직된 말씀은 스스로의 생명과 활력으로 마음과 영과 관절과 골수를 찔러 쪼개며 마음의 생각과 뜻을 살핀다. 말씀은 행할 수도 없거니와 행함으로 자라는 것도 아니다. 말씀이 먼저 그 생명력으로 마음에서 일하면서 자라게 되고 우리는 그 말씀을 따라서 풍성한 열매를 맺고 변화되어 가는 것이다. 말씀이 자라면서 행함이 따라오는 것이다.

넷째, 씨에는 이미 장래의 모든 형체와 열매가 들어있는 것과 같이 말씀에는 장래에 자라서 열매 맺는 하나님의 지혜와 성품과 치유와 부요와 신령한 것들이 들어있다.

포도 씨에는 포도나무 줄기와 잎과 포도송이가 들어있다. 호박씨에는 호박넝쿨과 호박잎과 호박꽃과 호박이 들어있다. 그래서 팥 심은 데 팥 나고 콩 심은 데 콩 나는 것이다. 이처럼 말씀 안에는 그 말씀이 우리 안에서 자랐을 때 나타날 성품과 능력과 모든 신령한 것들이 이미 들어 있다.

> 누가 묻기를 죽은 자들이 어떻게 다시 살아나며 어떠한 몸으로 오느냐 하리니 어리석은 자여 네가 뿌리는 씨가 죽지 않으면 살아나지 못하겠고 또 네가 뿌리는 것은 장래의 형체를 뿌리는 것이 아니요 다만 밀이나 다른 것의 알맹이 뿐이로되 하나님이 그 뜻대로 그에게 형체를 주시되 각 종자에게 그 형체를 주시느니라(고전 15:35-38).

말씀에는 그 말씀이 간직하고 있는 장래의 형체와 열매가 들어있는 것이다. 치유의 말씀에는 치유의 능력이 들어있고 지혜의 말씀에는 지혜가 들어있다. 화평의 말씀에는 화평이 들어있고 온유의 말씀에는 온유의 성품이 들어있다. 말씀에는 온갖 하나님의 신령한 것들이 다 들어있다. 하나님의 생명과 성품과 능력과 부요함과 영광이 들어있다.

말씀을 가진 자는 다 가진 것과 같은 것이다(눅 8:18). 그래서 마음에 심겨진 이 말씀이 자라면 사랑과 희락과 화평과 오래 참음과 자비와 양선과 충성과 온유와 절제와 같은 성령의 열매를 맺게 되는 것이다. 이런 것들은 도덕이나 수양이나 종교적인 노력이나 헌신으로 얻어지는 것이 아니다. 영이요 생명인 하나님의 말씀으로부터 나온 열매인 것이다. 열매는 씨가 가진 생명으로부터 흘러나오는 것이지 행위와 같은 것을 통해 밖에서 덧붙여지는 것이 아니다.

다섯째, 씨가 자라서 열매를 맺기까지는 기다림의 시간이 필요한 것처럼 말씀이 자라서 열매를 맺으려면 인내의 시간이 필요하다.

씨는 하루아침에 자라지도 않고 하루아침에 열매 맺지도 않는다. 봄에 씨를 뿌리면 싹이 나고 줄기가 나서 꽃이 핀다. 여름에는 비바람과 더위를 견디면서 무성한 나무로 자라게 되고 가을이 되어 열매가 탐스럽게 열리는 것이다.

말씀 또한 "말씀을 듣고 지키어 인내로 결실하는 자니라"는 말씀과 같이 인내의 시간이 필요하다. 말씀이 우리 마음에 심겨져서 시냇가의 나무처럼 무성하게 자라서 시절을 따라 열매를 맺으려면 주야로 그 말씀을 읊조리는 시간이 필요하다. 포도나무의 가지를 다듬어 잘라내듯이 가지치기도 필요하고 낙심하지 않고 하나님의 때를 기다리는 인내가 필요한 것이다.

> 우리가 선을 행하되 낙심하지 말지니 포기하지 아니하면 때가 이르매 거두리라(갈 6:9).

여섯째, 씨와 같이 말씀은 자라서 백 배, 육십 배, 삼십 배의 열매로 결실한다.

백 배, 육십 배, 삼십 배의 열매를 맺는 것은 씨의 놀라운 능력이고 신비로운 일이다. 이 세상의 경제법칙이나 생산법칙에는 씨가 갖고 있는 백 배와 같은 증식은 없다. 말씀은 씨보다 더 놀라운 무한의 능력을 갖고 있다. 말씀의 능력은 하나님의 생명의 능력이고 창조의 능력이기 때문이다. 한 알의 밀알이셨던 예수 그리스도의 부활 생명은 성령의 첫 열매가 되어 모든 믿는 자의 부활 생명으로 열매 맺는다. 생명의 열매뿐만 아니라 말씀 안에 있는 모든 성품과 치유와 지혜와 부와 능력은 놀랍게 증식되어 작은 겨자씨가 큰 나무로 자라듯 하나님의 나라와 교회와 그리스도인들을 풍성하게 채우고도 남는다.

이와 같이 말씀은 생명의 성령의 법 안에서 늘 성령과 함께 간다. 성령 없이 말씀만 있어도 안 되고 말씀 없이 성령만 있어도 안 된다. 성령은 늘 말씀으로 일하시고 역사하신다. 말씀은 성령으로 계시되고 증거되고 비춰지고 알게 된다. 그런데 여기에 마음의 장애물이 있다. 옛사람의 길가와 같은 딱딱하고 굳어진 마음과 바위덩어리와 가시덤불이 마음속에 남아있는 것이다.

말씀이 마음 밭에 심겨져서 자라려면 옛사람의 마음 밭을 쟁기질하여 갈아엎고 바위덩어리와 가시덤불 같은 옛사람의 마음의 법과 육신에 속한 것들을 치워내야 한다. 그래서 말씀을 잘 보존하고 자라게 할 수 있는 옥토와 같은 좋은 밭을 만들어야 한다.

마음의 새 법

말씀은 마음에 심겨지는 하나님의 생명의 씨다. 씨를 잘 보존하여 자라나게 하고 많은 열매로 결실을 거두려면 마음 밭이 부드럽게 잘 준비되어 있어야 한다. 묵은 땅을 기경하듯 마음 밭을 기경하여(호 10:12) 옛사람의 굳어진 마음의 법을 갈아엎고 생명의 새 법으로 새겨야 한다. 마음의 법으로 새겨진 세상의 초등학문과 사람의 전통과 헛된 속임수인 옛사람의 법을 벗어 버리고 이제 영이요 생명인 하나님의 말씀을 마음의 새 법으로 새겨야 한다. 영이요 생명인 말씀이 마음의 새 법이기 때문이다. 말씀은 생명이 없는 문자나 지식이 아니다. 말씀은 씨와 같이 심겨지는 마음의 새 법이다. 이 생명의 새 법은 지식이나 문자가 아닌 영으로만 새겨진다.

> 또한 성령이 우리에게 증언하시되 주께서 이르시되 그 날 후로는 그들과 맺을 언약이 이것이라 하시고 내 법을 그들의 마음에 두고 그들의 생각에 기록하리라 하신 후에
> (히 10:15-16).

그럼 말씀은 어떻게 마음의 새 법으로 새겨지는가?

먼저 말씀을 마음의 새 법으로 심는 것이 아닌 것에 대해서 명확하게 할 필요가 있다. 말씀을 새 법으로 새기는 것이 아닌 것을 마치 말

씀을 새기는 것으로 잘못 알고 있는 것들이 많다.

성경말씀을 공부하면 말씀이 마음에 새겨지는가?

무조건 말씀이 마음에 심어 지는 것은 아니다. 말씀을 지식으로 아는 것은 말씀을 마음에 심는 것과는 다른 것이기 때문이다. 말씀을 생명 없는 문자나 지식으로 습득하는 것은 영과 생명으로 새겨진 새 법이 아니라 결국 율법과 같은 초등학문이 되고 만다.

지식은 아무리 많이 갖는다고 해도 마음을 새롭게 할 수 없다. 지식은 영과 생명이 아니기 때문이다. 많은 사람이 초등학교부터 대학교까지 교육을 받고 많은 지식을 쌓지만 그 지식의 양과 인격의 훌륭함이 정비례하는 것이 아니라는 것은 이미 알려진 사실이다. 지식이 마음을 변화시키고 훌륭한 인격을 형성하는데 약간의 도움은 줄 수 있지만 하나님의 생명으로부터 나오는 의와 거룩함과 지혜와 성품을 만들어 낼 능력은 없다. 그래서 바울은 지식의 본질에 대해서 교만하게 하는 것이라고 말했다(고전 8:1). 그렇다. 지식은 사랑을 만들어 내지도 덕을 세우지도 못한다.

지식이 마음에 들어오면 어떻게 되는가?

지식은 마음에 그저 쌓일 뿐이다. 비유하건대 마음에는 지식주머니 같은 것이 따로 있어서 지식이 들어오면 그 주머니를 점점 늘려가면서 계속 쌓는다. 밥을 많이 먹으면 위에 계속 쌓이면서 위가 계속 커지지만 그 밥이 모두 체력이 되지 않는 것처럼 지식을 습득하면 지식주머니가 커질 뿐이지 그 지식으로부터 생명과 능력이 흘러나와서 마음과 인격을 변화시키는 것은 아니다.

학교 문턱에도 가보지 못한 할머니나 대학공부를 하지 못한 어머니와 같이 지식이 조금 부족할지라도 진리를 알고 그리스도의 향기로 가득한 사람들이 얼마나 많은가!

지식은 마음의 또 다른 법이 되어 판단하는 잣대가 될 뿐 그리스도의 생명과 사랑이 들어있는 마음의 새 법은 아닌 것이다. 말씀을 지식의 형태로 공부하거나 습득하여 성경을 많이 안다고 해서 마음의 새 법이 되는 것은 아니다. 그렇기 때문에 성경은 무조건 많이 읽고 배우면 좋다는 생각으로 공부하면 안 된다. 말씀을 지식으로 공부하지 않도록 조심해야 한다.

우리 한국교회의 성도들은 성경을 얼마나 많이 아는가!

교회는 얼마나 많이 가르치고 성도들은 얼마나 많이 배우는가!

지식과 공부하는 것이 좋은 것이지만 그것이 영이요 생명인 말씀으로 마음에 새겨지는 것과는 별개의 문제인 것이다. 성경말씀이 어떻게 지식의 형태가 아닌 영과 생명의 양식으로 전달되어 먹고 마시게 할 수 있을 것인가를 성령의 지혜로 생각하고 인도받아야 한다. 말씀은 학습하는 지식이 아니라 먹고 마시는 양식이기 때문이다.

성경읽기도 마찬가지다. 성경을 읽는 것은 하나님의 말씀을 듣고 마음에 새길 수 있는 좋은 방법이지만 성경을 읽는 그 자체가 무슨 의가 되거나 복이 되거나 말씀을 영과 생명으로 먹고 마시는 것은 아니다. 성경 읽기 표에 따라 매일 규칙적으로 몇 장씩 읽고 매년 일독이나 몇 독을 하는 것은 좋은 습관이다. 그러나 그 자체가 성령으로 인도함을 받아 하나님과 진리를 더 깊이 알고 단단한 의의 말씀을 먹고 지각을 사용하여 분별할 줄 아는 그리스도의 장성한 분량으로 자라게 하는 것은 아니다.

왜 성경을 많이 읽는 만큼 많은 그리스도인들이 변화되지 않는가!

믿음의 연수가 오래되어 집사와 권사와 장로가 되고 성경을 아는 지식의 분량이 넘치도록 많아졌는데 왜 성령의 열매는 온전하게 열리지 않는가!

성경공부를 하든 성경읽기를 하든 말씀을 영과 생명으로 먹고 마음의 새 법으로 새기지 못하기 때문이다. 이 일은 성령으로만 할 수 있는 일이다. 우리가 하는 성경공부와 성경읽기와 다른 모든 방법들과 방식에 성령이 함께 하셔서 그것들이 생명 없는 지식이 되지 않도록 하여야 한다. 바울은 자신의 전도와 가르침과 설교가 사람의 설득력이나 지혜의 말로 하지 않고 오직 성령의 나타나심과 능력으로 이루어지기를 기도했다. 그래서 바울은 영과 생명이 없는 일이 될까봐 늘 약함과 두려움과 떨림으로 말씀을 전하고 가르치고 설교했다.

내가 너희 가운데 거할 때에 약하고 두려워하고 심히 떨었

> 노라 내 말과 내 전도함이 설득력 있는 지혜의 말로 하지 아니하고 다만 성령의 나타나심과 능력으로 하여 너희 믿음이 사람의 지혜에 있지 아니하고 다만 하나님의 능력에 있게 하려 하였노라(고전 2:3-5).

그럼 말씀을 영과 생명으로 먹고 마시고 마음의 새 법으로 새기는 좋은 방식이 있을까?

성령이 함께 하시면 좋은 방법과 방식이 되는 것이고 그렇지 않으면 좋은 방법으로 알려진 것도 좋은 방법이 아닌 것이 되고 만다. 그래서 가장 좋은 방법은 없다. 그리고 좋은 어떤 프로그램이 있는 것도 아니다. 여기서는 다만 말씀이 우리 마음으로 들어와서 심겨지고 새겨져서 마음의 새 법이 되고 자라서 열매를 맺는 그 여정에서 말씀과 성령과 마음이 연합하여 어떻게 일하고 작용하는지에 대해서 생각해 보려고 한다. 이것 또한 고정된 또 하나의 방법과 방식이 되면 배설물과 같이 해로운 것일 뿐이다.

첫째, 말씀은 말을 통해 음성으로 귀에 들려져서 마음속으로 들어간다.

말씀은 본질상 지식이 아닌 영이고 생명이기 때문에 문자나 글보다는 말이라는 소리를 통해 전달된다. 말이 왜 영과 생명인 진리를 전달하는 그릇으로 사용되는지에 대해서 그 이유를 이해하기 쉽지는 않다. 자크 엘륄은 『굴욕당한 말』에서 진리를 전달하는 말이 가진 독특한 특성에 대해서 다음과 같은 놀라운 통찰력을 보여주고 있다.

"말은 언제나 말 하는 자와 듣는 자가 있고 현존하는 것이고 살아 있는 자의 것이며 홀로 존재하지 않는다. 말은 현실을 넘어선 초현실적이고 형이상학적인 진리의 영역과 연결되어 있기 때문에 오직 말만이 진리의 영역에 도달할 수 있고 진리를 만들어 낼 수 있고 사람은 말로 전달되는 말하여진 진리와 진리의 세계를 인식하게 된다."

어쨌든 우리는 하나님과 예수님과 성령님은 보이지 않는 세계와 진리를 언제나 음성으로 말씀하시고 그 말씀으로 교제하시고 말씀으로 일하신다는 것을 안다. 그래서 말씀을 마음으로 전달하는 가장 효과적인 방식은 말씀을 귀로 듣는 것이라고 확신하는 것이다.

영성 신학자 유진 피터슨(Eugene H. Peterson) 목사는 이종태 목사와의 인터뷰(「국민일보」 2016. 1. 22)에서 성경을 어떻게 읽는 것이 좋은가라는 질문에 이렇게 대답하였다.

"제가 할 수 있는 최선의 조언은 천천히 읽으라는 것입니다. 그리고 반복해서 읽으십시오. 우리는 성경을 너무 빨리 읽습니다. 벼락치기 하듯 말입니다. 저는 성경을 반복해서 읽을 때 큰 소리로 읽곤 합니다. 소리는 또 다른 상상력을 불러일으키게 해줍니다."

씨 뿌리는 자의 비유에서도 말씀을 들음으로 말씀의 씨가 마음 밭에 뿌려진다고 말씀한다(눅 8:12-15). 예수님은 "내 양은 내 음성을 알고 내 음성을 듣는다"고 말씀하셨다(요 10:3-4). 그러므로 말씀을 공부하든지 말씀을 읽든지 말씀을 암송하든지 가르침과 설교를 듣든지 말씀은 몸의 귀와 마음의 귀로 들어야 한다. 말씀을 음성으로 들을 때 말씀이 마음에 들어와서 심겨지기 때문이다.

둘째, 말씀을 영과 생명의 양식으로 먹는 좋은 방법은 마음에 들어온 말씀을 보존하고 기억하고 생각하는 것이다.

씨가 밭에 뿌려지면 흙으로 잘 덮여져서 보존되어야 씨가 흙과 하나가 되어 뿌리를 내리는데 좋은 것같이 말씀을 마음에서 의식적으로 반복해서 기억하고 생각하는 것은 말씀을 잊어버리지 않고 말씀을 마음속에 잘 보존해서 마음에 뿌리내리게 하는 좋은 방법이다.

"말씀이 너희 속에 풍성히 거하여"(골 3:16)라는 말씀이나 "내 말이 너희 안에 거하면"(요 15:7)이라는 말씀과 같이 말씀은 마음에 거한다. '거한다'는 것은 말씀이 메마른 지식같이 그저 가만히 있는 것이 아니라 마음에서 살아 움직인다는 것이다. 이렇게 말씀을 보존하고 살아서 거하게 하는 좋은 방법이 말씀을 끄집어내어 반복해서 생각하는 것이다. 성령은 말씀을 생각나게 하시고 그 생각하는 말씀을 통해서 말씀하시고 일하신다. 빛을 비추고 생명을 불어넣어 말씀을 넘치도록 풍성하게 하시는 것이다.

셋째, 말씀을 영과 생명의 양식으로 먹고 마음의 새 법으로 새기는 좋은 방법은 말씀을 작은 소리로 읊조리는 것이다.

시편 1:2은 "오직 여호와의 율법을 즐거워하여 주야로 묵상하는 자"가 복 있는 사람이라고 말한다.

말씀을 묵상하는 것은 어떻게 하는 것을 말하는가?

묵상은 단순히 명상하는 것이 아니라 말씀을 '작은 소리로 읊조리다'는 뜻이다. 그러니 말씀은 단순히 눈으로 보고 마음으로 생각하는 것으로 그치는 것이 아니라 입술로 소리내어 읊조리는 것임을 알 수 있다. 소리내어 암송하는 것과 비슷하다. 말씀을 되새김질하듯 생각하고 읊조리려면 말씀을 암송하는 것이 좋은 방법이라 할 수 있다.

시편 119편은 말씀에 대한 다윗의 시다. 놀라운 것은 다윗이 입술로 작은 소리를 내어 말씀을 계속 읊조렸다는 사실이다. 그는 비방을 받고 있을 때에도 말씀을 읊조렸고(시 119:23) 새벽부터 온종일 말씀을 읊조렸다(시 119:97). 손을 들고 읊조리기도 하고(시 119:48) 말씀에 곡조를 붙여 노래로 부르기도 했다(시119:172). 말씀을 입술로 소리내어 읊조리는 것은 말씀을 듣고 먹고 양식이 되게 하는 좋은 방법임을 알 수 있다.

말씀을 작은 소리로 읊조린다는 것은 말씀이 계속 말해져서 자신의 속사람에게 들려지는 것과 같다. 말씀은 소리를 통해 마음에 전달되고 심겨지기 때문이다.

> 고관들도 앉아서 나를 비방하였사오나 주의 종은 주의 율례들을 작은 소리로 읊조렸나이다(시 119:23).

> 내가 주의 법을 어찌 그리 사랑하는지요 내가 그것을 종일 작은 소리로 읊조리나이다(시 119:97).
>
> 주의 말씀을 조용히 읊조리려고 내가 새벽녘에 눈을 떴나이다(시 119:148).

넷째, 마음에 생각하고 작은 소리로 읊조려진 말씀은 마음에서 활성화되고 자라서 마음에 가득차게 된다.

귀로 들려져 마음에 들어온 말씀이 보존되다가 성령으로 생각나고 가르쳐져서 작은 소리로 읊조리게 되면 말씀이 마음에서 활성화 된다.

이렇게 말씀이 활성화 되면 우리 영과 마음이 뜨거워지고 불이 붙는 것과 같이 된다.

> 내 마음이 내 속에서 뜨거워서 작은 소리로 읊조릴 때에 불이 붙으니 나의 혀로 말하기를(시 39:3).

이 얼마나 신비로운 일인가!

엠마오로 내려가던 두 제자는 부활하신 예수님이 말씀을 풀어주셨을 때 그 말씀이 활성화 되면서 마음이 뜨거워졌다(눅 24:32).

이렇게 활성화된 말씀은 마음에서 자라기 시작하고 점점 무성해져서 마음에 가득차게 된다.

다섯째, 마음속에서 활성화되고 열매맺은 말씀이 마음에 가득 차게 되면 그 말씀은 다시 입술로 나와서 소리가 되어 다른 사람들에게 전달된다.

마음에 가득한 것이 입으로 나오는 것이 말이다. 마음에 선이 쌓이면 선한 말이 나오고 악이 쌓이면 악을 말하는 것이다(눅 6:46). 마찬가지로 말씀이 마음에 가득 차고 넘치면 입술로 나와서 소리가 되어 말로 전달되게 된다. 귀로 들은 말씀이 마음에 들어가 보존되어 있다가 자라서 열매를 맺고 가득차면 다시 입술로 나오는 것이다. 그래서 솔로몬은 마음에 보존하여 간직했던 말씀이 입으로 나와서 입술 위에 있는 것이 아름답다고 했다. 이렇게 입술 밖으로 나온 말씀은 다시 다른 사람의 귀로 들려져서 그 사람의 마음으로 들어간다. 말씀은 이렇게 살아서 계속해서 말해지고 심겨지고 자라나고 열매 맺고 다시 말해지고 들려지는 순환을 통해서 하나님 나라의 백성들과 교회 가운데서 일한다. 비가 내려 땅을 적셔서 싹이 나게 하고 결실하게 하는 것처럼 하나님의 말씀은 거저 다시 하나님께로 돌아가지 않고 반드시 하나님의 기뻐하는 뜻을 이루는 것이다.

> 너는 귀를 기울여 지혜있는 자의 말씀을 들으며 내 지식에 마음을 둘지어다 이것을 네 속에 보존하며 네 입술에 함께

있게 함이 아름다우니라(잠 22:17-18).

이는 비와 눈이 하늘에서 내려서 그리로 되돌아가지 아니하고 땅을 적셔서 소출이 나게 하며 싹이 나게 하여 파종하는 자에게는 종자를 주며 먹는 자에게는 양식을 줌과 같이 내 입에서 나가는 말도 이와 같이 헛되이 내게로 되돌아오지 아니하고 나의 뜻을 이루며 내가 보낸 일에 형통함이니라(사 55:10-11).

이와 같이 마음에 새겨진 옛사람의 마음의 법과 지식은 성령과 말씀으로 완전히 새 법으로 바뀌어 져야 한다. 말씀의 새 법은 본질적으로 지식의 형태로 새겨질 수 없다. 영과 생명이기 때문에 먹고 마시는 방식으로 새겨진다. 하나님과 예수 그리스도와 성령님과 말씀은 모두 살아계신 인격이기 때문에 우리 마음에 들어와 계실 때에도 살아있는 영과 생명으로 거하시는 것이다. 말씀을 죽어있는 법이나 지식으로 마음에 새기게 되면 그것은 또 하나의 율법이요 종교가 될 뿐이다. 우리는 기독교(基督敎)가 아닌 하나님과 예수 그리스도를 믿는 사람들이다. 우리는 그리스도와 그리스도의 말씀을 먹고 마시는 사람들이다.

볼지어다 내가 문 밖에 서서 두드리노니 누구든지 내 음성을 듣고 문을 열면 내가 그에게로 들어가 그와 더불어 먹고 그는 나와 더불어 먹으리라(계 3:20).

행함과 열매

교회에 다니고 예수 믿는 사람들이 더 이기적이다거나 믿지 않는 사람들과 뭐가 다르냐는 비판을 자주 듣는다. "너희는 세상의 빛과 소금이다"(마 5:13-14)는 말씀에 비추어 대부분의 많은 그리스도인들은 빛과 소금이 되지 못하는 자신의 행함의 문제에 부딪힌다. 마음은 원이로되 육신이 연약하여 선을 행하지 못한다거나 믿음이 부족하여 죄를 짓는다고 생각한다. 특히 야고보서는 행함에 대해서 더욱 단호하게 말씀하고 있다. 영혼 없는 몸이 죽은 것같이 행함이 없는 믿음은 죽은 것이라고 말한다. 믿음이 있노라고 말로 하지 말고 행함으로 나타내 보이라고 말한다(약 2:14-26).

자기 믿음을 행함으로 온전히 증명해 보일 수 있는 그리스도인이 얼마나 되겠는가!

그래서 자신의 믿음 없음을 자책하고 반복적인 회개를 통해서 다시는 그와 같은 죄를 짓지 않고 선을 행하겠다는 믿음을 고백하고 결심을 하지만 여전히 그리스도인으로서의 성숙한 모습을 나타내 보이기는 쉽지 않다. 자신이 믿고 있는 믿음의 분량만큼 행함이 따라오지 못하기 때문이다. 성경말씀에 대한 지식과 교회에서의 직분은 믿음의 연수와 비례하여 증가하는데 성품과 행함과 삶의 모습은 여전히 변화되지 않은 채 그대로이기 때문이다.

그럼 왜 믿음과 지식의 분량만큼 행함은 따르지 않는 걸까?

여러 이유가 있겠지만 그 중에 가장 근본적인 이유는 행함에 대한 뿌리 깊은 잘못된 인식과 태도에 있다고 생각한다.

첫째, 말씀은 '행하는 것' 또는 '행해야 하는 것'이라는 생각이 뿌리 깊이 박혀있다.

이것은 말씀에 대한 아주 큰 오해에서 비롯된 것이다. 영이요 생명인 말씀과 진리를 도덕이나 윤리와 같은 행동강령으로 생각한다. 이는 여전히 마음에 새겨진 도덕율인 옛사람의 마음의 법으로 말씀을 받아들이기 때문이다. 말씀은 행하는 것이 아니고 마음에 보존하고 먹고 마시는 것이다.

둘째, 믿음이 강하면 말씀을 행할 수 있다고 생각한다.

우리가 새사람이 되었지만 성령이 아니고서는 여전히 우리에겐 행할 능력이 없다. 그런데도 노력하면 스스로 행할 수 있다고 생각한다. 율법을 행할 수 없어서 의롭다함을 얻지 못하고 모두 정죄된 것처럼 새사람일지라도 성령으로 말미암지 않고서는 우리는 선을 행하거나 사랑할 능력이 없다. 마음의 법으로는 하나님의 말씀을 행할 수 없는 것이다.

셋째, 말씀을 행할 수 있다고 생각할 뿐 아니라 어떻게든 행하려고 결심하고 반복적으로 시도하고 노력한다.

이런 결심과 노력이 나쁜 것은 아니지만 이것이 영이요 생명인 성령과 말씀을 따라 하는 것이 아니면 결심하고 노력한다고 행할 수 있는 것이 아니다. 결심하고 노력하고 고치면 행할 수 있다고 생각하고 이것을 반복하게 되면 이는 마치 이방종교에서 수양하는 것과 다를 바가 없는 것이 되고 만다. 말씀과 진리는 수양이나 참선이나 명상이나 도(道)를 닦는 그런 것이 아니다.

넷째, 교회에서의 헌신과 순종과 열심과 봉사와 같은 신앙생활을 말씀을 행하는 것으로 생각한다.

오늘날 교회는 성도들이 교회의 일에 헌신하고 섬기는 것을 믿음이나 순종의 기준이 되는 것처럼 가르친다. 그러나 이런 종교적 행위들이 말씀을 행하는 것의 본질도 아니거니와 이와 같은 신앙생활을 열심히 한다고 해서 말씀을 행할 능력이 생기는 것도 아니다. 신앙생활을 잘하는 것과 말씀을 따라 사는 것은 본질적으로 동일한 것은 아니다.

다섯째, 교회가 하나님의 말씀을 '행하는 것'으로 가르치고 그것을 믿음과 순종의 기준으로 삼고 있다.

하나님의 말씀을 행하라고 가르치면서 행하면 믿음과 의와 순종이 되고 행하지 않으면 죄가 된다고 가르치는 것은 말씀을 도덕과 윤리로 가르치는 것과 같다. 영이요 생명인 말씀과 진리의 계시를 도덕과 윤리와 지식으로 가르치는 것은 옛사람의 마음의 법을 강화시키는 것밖에 안 된다. 바울과 베드로가 말 한대로 말씀은 신령한 젖과 양식으로 먹여야 한다(히 5:12-14; 벧전 2:2). 말씀은 본질적으로 행함을 가르치는 것이 아니라 생명의 양식으로 먹이는 것이다. 말씀을 생명의 양식으로 먹고 자라난 하나님의 의가 아닌 종교적 열심으로 가르침을 받아 행하는 자기 의를 믿음과 헌신과 순종의 기준으로 삼아서는 안 된다.

그럼 성경에서 말하는 행함은 무엇인가?

행함이 없는 믿음은 죽은 것이라는 말씀의 의미는 무엇인가?

성경에서 말하는 그리스도인의 행함은 밖에서 덧붙여진 인위적인 행위를 말하는 것이 아니다. 다른 모든 종교와 철학과 윤리에서 말하는 깨달음과 수양과 학습에 의한 도덕적인 행위가 아니다. 그리스도인의 행함은 말씀의 열매로 드러나고 나타난 것으로써의 행함이다. 성령으로 마음에 심겨진 말씀이 자라서 그 말씀 안에 있는 생명이 열매가 되어 성품과 행함으로 흘러나온 것이다. 말씀은 자라면 성품의 열매와 행함의 열매와 능력의 열매로 열린다. 이 모든 열매는 성령이 말씀으로 일하셔서 열리는 것이기 때문에 성령의 열매라고 한다. 행함은 열매로써 나타나야 한다.

열매는 그 씨 안에 있는 생명으로부터 나온 것이지 밖에서는 그 어떤 생명도 줄 수 없다. 말씀이라는 씨의 생명 안에 들어있는 하나님의 성품과 행할 능력이 자라서 그리스도인의 성품이 되고 능력이 되고 행함이 되는 것이다. 그래서 그리스도인의 모든 행함은 그의 삶으로, 삶을 통해서, 삶 속에서 그리스도의 생명의 향기로 나타나는 것이다. 이것을 자크 엘륄은 『원함과 행함』(*Le Vouloir et le Faire*, [대전: 대장간,

2008])에서 "행함이란 그리스도인의 삶에 나타나는 계시의 폭발적 현현(顯現)이고 하나님의 말씀이 생명력 있게 되는 것"이라고 표현했다.

그러므로 하나님의 말씀이 마음에 거하여 마음의 새 법으로 심겨지고 새겨지면 열매를 맺게 되는 것이고 그 열매는 저절로 행함으로 나타나는 것이다. 그렇기 때문에 행함을 강조하여 말하고 있는 야고보서도 열매 맺는 나무를 비유로 말씀하고 있는 것이다. 무화과나무는 무화과 열매를 맺고 포도나무는 포도열매를 맺는다. 그 나무는 그 열매를 맺는 것이다.

> 내 형제들아 어찌 무화과나무가 감람 열매를, 포도나무가 무화과를 맺겠느냐 이와 같이 짠 물이 단 물을 내지 못하느니라(약 3:12).

이것이 또한 요한복음의 포도나무의 비유다(요 15:1-8). 포도나무에 붙어 있는 가지는 포도나무로부터 생명을 공급받아 포도열매를 맺는 것이다. 하나님의 말씀으로 자라난 나무는 그 말씀의 열매를 맺게 되어 있는 것이다. 이것이 마태복음의 그 유명한 "좋은 나무는 좋은 열매를 맺고 나쁜 나무는 나쁜 열매를 맺는다"는 말씀이기도 하다. 좋은 나무가 나쁜 열매를 맺을 수 없는 것같이 나쁜 나무가 좋은 열매를 맺을 수는 없는 것이다.

> 이와 같이 좋은 나무마다 아름다운 열매를 맺고 못된 나무가 나쁜 열매를 맺나니 좋은 나무가 나쁜 열매를 맺을 수 없고 못된 나무가 아름다운 열매를 맺을 수 없느니라 아름다운 열매를 맺지 아니하는 나무마다 찍혀 불에 던져지느니라 이러므로 그들의 열매로 그들을 알리라(마 7:17-20).

행함은 열매의 결과이고 열매는 나무의 어떠함의 결과다. 그리스도인의 행함은 열매로서 나타나야 하고 그 열매는 말씀이 자라서 열리는 것이다. 그리스도인의 행함은 도덕적이고 종교적인 하나하나의 행위로써의 문제가 아니라 말씀이 자라서 그렇게 열매 맺게 되어 있는 결과이다. 그러므로 겉으로 나타난 행위를 고치거나 변화시키려고 노력하는 것이 아니라 되고자 하는 행함의 열매의 말씀을 먹고 심고 새겨서 그 말씀이 자라도록 하면 된다. 행함을 좇아가지 말고 말씀이 마음에 거하게 하라. 행함을 가르치지 말고 말씀의 양식을 먹여라.

그렇게 먹고 새긴 말씀을 잘 보존하여 자라게 하고 열매를 맺으면 자신의 성품과 행함이 그리스도와 같이 새롭게 변화되어 있는 것을 발견하게 되는 것이다.

CHAPTER 6
사랑의 법

최고의 법
사랑이 알게 한다
체휼(體恤)
친구도(親舊道)
자유와 사랑
교회와 교제
온유와 겸손

최고의 법

이제 사랑의 법까지 왔다. 생명의 성령의 법은 우리를 사랑으로 인도한다. 하나님은 사랑이시기 때문이다.

생명의 성령의 법으로 시작한 로마서 8장은 사랑의 말씀으로 마친다. 예수 그리스도 안에 있는 하나님의 사랑이 얼마나 큰 사랑인지를 보여준다. 하나님의 사랑은 사망보다 크다. 생명보다도 크다. 천사나 권세자들보다 크다. 현재나 장래의 그 어떤 일보다도 크다. 능력이나 높음이나 깊음이나 모든 피조물보다도 크다. 하나님은 예수 그리스도 안에서 이 모든 것들보다 큰 영원한 사랑으로 우리를 묶으시고 성령으로 말미암아 하나님의 이 사랑에 이르도록 이끄신다.

> 내가 확신하노니 사망이나 생명이나 천사들이나 권세자들이나 현재 일이나 장래 일이나 능력이나 높음이나 깊음이나 다른 어떤 피조물이라도 우리를 우리 주 그리스도 예수 안에 있는 하나님의 사랑에서 끊을 수 없으리라(롬 8:38-39).

사랑은 최고의 법이다. 이제까지 나온 모든 법보다 크다. 율법과 믿음의 법과 생명의 성령의 법을 모두 합쳐도 사랑의 법보다 작다. 이 법들은 모두 사랑의 법으로 움직이고 사랑의 법으로 묶이고 사랑의 법 안에서 성취되기 때문이다.

사랑이 왜 가장 크고 최고의 법인가?

첫째, 하나님은 창세 전에 예수 그리스도 안에서 그 기쁘신 뜻대로 사랑 안에서 아들들을 계획하셨다.

'그리스도 안에서'라는 것은 '그리스도로 말미암아,' '그리스도 때문에,' '그리스도와 함께'라는 뜻이다. 이것은 하나님이 그리스도를 닮은 아들들을 계획하신 것을 말한다. 이것은 하나님의 기쁘신 뜻이었다. 하나님의 기쁘신 뜻이라는 것은 하나님 안에 있는 무한한 자유로부터 발로된 기쁨이 넘치는 하나님의 의지를 말한다.

이것은 하나님의 무한한 사랑에서 나온 것이다. 하나님은 오직 사랑으로, 사랑 때문에, 사랑의 목적으로 아들들을 계획하신 것이다. 하나님은 무한한 사랑이시기 때문이다. 이와 같이 사랑은 모든 법보다 먼저 있었고 하나님과 함께 있었고 하나님 자신의 무한하심이다.

> 곧 창세 전에 그리스도 안에서 우리를 택하사 우리로 사랑 안에서 그 앞에 거룩하고 흠이 없게 하시려고 그 기쁘신 뜻대로 우리를 예정하사 예수 그리스도로 말미암아 자기의 아들들이 되게 하셨으니 이는 그가 사랑하시는 자 안에서 우리에게 거저 주시는 바 은혜의 영광을 찬송하게 하려는 것이라(엡 1:4-6).

그래서 아들들은 하나님의 영광이고 찬송이다(엡 1:12). 부모가 자신을 닮은 아들을 얻는 기쁨과 사랑은 아들들에 대한 하나님의 기쁨과 사랑으로부터 나온 것이다. 이렇게 우리는 하나님의 사랑의 대상이고 사랑의 목적이다. 우리는 그저 단순한 하나의 피조물이 아니고 그리스도와 같은 하나님의 아들들로서 하나님의 기쁨이고 영광이고 찬송인 것이다.

여기에는 아무런 조건도 없다. 아무런 이유도 없다. 오직 하나님 자신이 조건이고 이유다. 오직 하나님 안에 있는 사랑의 발로이다.

이 얼마나 큰 사랑인가!

이 얼마나 놀라운 사랑인가!

둘째, 율법에서 가장 큰 계명은 하나님을 사랑하고 이웃을 사랑하는 것이다.

하나님을 사랑하고 이웃을 사랑하라는 이 계명은 온 율법과 선지자를 대표하는 강령이었다. 이것은 율법을 가진 유대인들과 바리새인들도 이미 알고 있었고 예수님이 저들의 시험하는 질문에 대해 확증하여 대답해 주신 말씀이다(마 22:34-40).

야고보는 이 말씀에 근거하여 자기 몸과 같이 이웃을 사랑하는 것을 최고의 법, 최상의 법, 왕의 법(Royal Law)이라고 불렀다.

너희가 만일 성경에 기록된 대로 네 이웃 사랑하기를 네 몸과 같이 하라 하신 최고의 법을 지키면 잘하는 것이거니와(약 2:8).

율법은 죄를 알게 하고 정죄하고 심판하는 법이지만 하나님이 율법을 주신 진정한 목적은 정죄하고 심판하실 목적으로만 주신 것이 아니다. 율법은 이를 넘어서 믿음과 구원과 생명의 길을 주시기 위한 사랑의 법인 것이다. 그래서 모든 율법은 하나님의 사랑을 말하는 법이고 우리를 예수 그리스도를 통해 하나님의 사랑으로 인도하는 법이다.

이것을 가장 잘 증언하고 있는 이야기가 선한 사마리아인이다. 율법을 가졌다고 하는 제사장과 레위인은 강도 만난 사람을 외면하고 피해 갔으나 사마리아인이 그를 불쌍히 여기고 기름과 포도주를 상처에 붓고 싸매어 주고 주막으로 데리고 가서 돌봐주었다. 예수님은 이 비유를 통해서 율법이 사랑의 법이라는 것을 말씀하신다. 율법이 제사장이나 레위인과 같이 다만 종교적인 신앙생활을 하는데 목적이 있는 것이 아니라 이웃을 사랑하고 자비를 베푸는 법이라는 것을 말씀하신 것이다(눅 10:25-37).

셋째, 우리가 죄인 되었을 때에 예수 그리스도가 오셔서 십자가로 하나님의 사랑을 확증하셨다.

예수님은 십자가로 하나님의 사랑을 확증하시고 자신과 같이 "서로 사랑하라"는 단 하나의 새 계명을 주셨다(요 13:34-35). 예수 그리스도 안에서 확증된 하나님의 사랑은 우리의 죄인됨과는 아무 관계없는 절대적인 사랑이다. 사랑의 대상이 사랑받을만해서 사랑하는 그런 사랑이 아니다. 이는 창세 전부터 하나님 안에 있었던 그 사랑을 나타내신 것이다. 하나님은 사랑이시기 때문에 스스로의 무한한 사랑으로 사랑하시는 사랑이다. 그래서 하나님의 사랑은 변함없는 사랑이고 조건 없는 사랑이고 죽기까지 사랑하는 사랑인 것이다.

> 우리가 아직 죄인 되었을 때에 그리스도께서 우리를 위하여 죽으심으로 하나님께서 우리를 위한 자기의 사랑을 확증하셨느니라(롬 5:8).

넷째, 사랑은 율법과 믿음의 법과 생명의 성령의 법을 최종적으로 완성하는 법이다.

이웃을 자기 몸처럼 사랑하라는 율법의 최고의 법도, 믿음으로 의롭다함을 얻는 믿음의 법도, 생명의 성령의 법도 서로 사랑하라는 사랑의 법으로 완성된다. 그래서 남을 사랑하는 자는 율법을 다 이룬 자가 된다. 사랑이 없으면 율법의 모든 순종도, 산을 옮길만한 믿음도, 성령의 은사와 능력을 행하는 것도 모두 아무것도 아닌 것이 되고 만다. 만약 사랑이 없다면 이 모든 것들이 사랑이신 하나님으로부터 나온 것이 아닌 것이기 때문이다. 만약 사랑이 없다면 그것은 결국 사랑이신 하나님을 부인하는 것과 같기 때문이다.

> 사랑은 이웃에게 악을 행하지 아니하나니 그러므로 사랑은 율법의 완성이니라(롬 13:10).
>
> 온 율법은 네 이웃 사랑하기를 네 자신같이 하라 하신 한 말씀에서 이루어졌나니(갈 5:14).

다섯째, 사랑은 우리가 하나님의 사랑과 영광에 함께 참여하고 온전히 하나됨을 이루게 한다.

사랑은 사랑하는 것으로 끝나는 것이 아니라 하나님과 예수님과 성령님 세 분 하나님이 영광 가운데 하나 되심 같이 우리로 하여금 영광을 함께 나누고 하나됨에 이르게 하는 것이다. 형제를 사랑하는 온전한 사랑이 하나님의 온전하심과 영광에 이르게 한다. 예수님은 제자들을 사랑하셨을 뿐만 아니라 창세 전부터 하나님께서 예수님 자신을 사랑하심으로 주신 영광을 제자들과 함께 나누셨다. 이것이 세 분 하나님과 우리가 사랑과 영광으로 하나 되는 것이다. 사랑은 하나됨과 하나님의 영광을 함께 나누는 것을 성취한다.

> 어느 때나 하나님을 본 사람이 없으되 만일 우리가 서로 사랑하면 하나님이 우리 안에 거하시고 그의 사랑이 우리 안

에 온전히 이루어지느니라(요일 4:12).

곧 내가 그들 안에 있고 아버지께서 내 안에 계시어 그들로 온전함을 이루어 하나가 되게 하려 함은 아버지께서 나를 보내신 것과 또 나를 사랑하심 같이 그들도 사랑하신 것을 세상으로 알게 하려 함이로소이다 아버지여 내게 주신 자도 나 있는 곳에 나와 함께 있어 아버지께서 창세 전부터 나를 사랑하시므로 내게 주신 나의 영광을 그들로 보게 하시기를 원하옵나이다(요 17:23-24).

이와 같이 사랑은 최고의 법이다. 가장 상위의 법이고 모든 법 위에 가장 뛰어난 법이다. 하나님은 사랑이시기 때문이다. 따라서 사랑하지 않는다면 하나님을 알지 못하는 자이고(요일 4:8) 보이는 형제를 사랑하지 않으면 보이지 않는 하나님을 사랑하지 않는 것과 같은 것이다(요일 4:20). 우리는 서로 사랑함으로써 하나님의 사랑 안에 거한다(요 15:10). 사랑은 긍휼과 자비와 겸손과 온유와 오래 참음과 용서 위에 있고 이 모든 것을 하나로 묶어 매는 띠와 같다. 그리스도인은 이와 같은 사람인 것이다.

그러므로 너희는 하나님이 택하사 거룩하고 사랑받는 자처럼 긍휼과 자비와 겸손과 온유와 오래 참음을 옷 입고 누가 누구에게 불만이 있거든 서로 용납하여 피차 용서하되 주께서 너희를 용서하신 것같이 너희도 그리하고 이 모든 것 위에 사랑을 더하라 이는 온전하게 매는 띠니라(골 3:12-14).

사랑이 알게 한다

사랑은 알게 한다. 사랑하면 진리를 알게 된다. 아는 것이 사랑으로부터 온다. 사랑이 아는 빛이다. 이는 참으로 놀라운 비밀이고 계시다.

어떻게 사랑으로 알 수 있을까?

기도를 통해 알게 된다는 것이 더 합당하지 않은가?

그런데 놀랍게도 요한일서는 우리가 사랑하면 진리의 비밀을 알게 된다고 말한다. 사랑이 진리를 알게 하는 진리 그 자체인 것이다.

첫째, 사랑하면 빛 가운데 거하고, 빛 가운데서 행하고, 어디로 갈지를 알게 된다.

반대로 사랑하지 않고 형제를 미워하면 어둠 속에 있고, 어둠 속에서 행하고, 어디로 갈 바를 알지 못하게 되는 것이다.

이 얼마나 놀라운 말씀인가!

> 그의 형제를 사랑하는 자는 빛 가운데 거하여 자기 속에 거리낌이 없으나 그의 형제를 미워하는 자는 어둠에 있고 또 어둠에 행하며 갈 곳을 알지 못하나니 이는 어둠이 그의 눈을 멀게 하였음이라(요일 2:10-11).

사랑이 우리로 하여금 어디로 갈지를 알게 하고 사랑이 갈길을 인도한다. 따로 빛을 구할 필요가 없다. 사랑하면 빛 가운데 있기 때문이다. 사랑이 이 땅에서 빛이다. 사랑하면 된다. 사랑이 없기 때문에 빛이 없고 계시가 없는 것이다. 그렇기 때문에 만약 어둠 속에서 갈 곳을 알지 못하고 헤매고 있다면 사랑하지 않고 있는 형제가 있지 않은지 살펴보아야 한다. 갈 곳을 알지 못하는 것은 기도하지 않기 때문만은 아니다.

하나님의 뜻을 가르쳐 달라고 기도하는 사람들이 많다. 기도만 하지 말고 사랑을 해야 한다. 사랑하면서 기도해야 한다. 사랑하지 않으면서 빛을 구하고 계시를 구하고 하나님의 뜻을 구하는 것은 어리석은 것이다. 사랑하면 밝은 빛이 비쳐서 갈 곳을 알게 하고 인도해 주신다.

둘째, 사랑은 우리가 사망에서 옮겨 생명으로 들어간 것을 알게 한다.

우리는 믿음으로 말미암아 새 생명을 얻고 새사람이 되었다.

이 구원의 사실을 어떻게 알 수 있는가?

어떻게 구원의 확신을 가질 수 있는가?

> 우리는 형제를 사랑함으로 사망에서 옮겨 생명으로 들어간 줄을 알거니와 사랑하지 아니하는 자는 사망에 머물러 있느니라(요일 3:14).

형제를 사랑함으로 생명으로 구원받은 것을 알게 된다. 사랑하지 아니하면 여전히 사망에 머물러 있는 것과 같다. 사랑하지 않으면 생명에 있는 것을 확신하지 못하는 것이다. 예수 그리스도의 생명으로 거듭난 새 생명의 영은 사랑의 영이기 때문이다. 우리가 생명에 있는 것을 아는 구원의 확신은 열심이나 헌신이나 행함에 있는 것이 아니라 형제를 사랑하는 것에 있는 것이다.

셋째, 사랑하면 우리가 진리에 속한 줄을 알게 된다.

우리는 성령의 계시로 진리의 말씀을 알게 되었다. 이제 형제를 사랑하면 그 진리가 거짓이 아니라는 것과 하나님께로부터 온 것과 자신이 그 진리에 속한 것을 알게 된다. 예수님은 하나님의 뜻을 행하려 하면 교훈이 하나님께로부터 왔는지 알 수 있다고 말씀하셨다 (요 7:17).

> 자녀들아 우리가 말과 혀로만 사랑하지 말고 행함과 진실함으로 하자 이로써 우리가 진리에 속한 줄을 알고 또 우리 마음을 주 앞에서 굳세게 하리니(요일 3:18-19).
>
> 너희가 성경에서 영생을 얻는 줄 생각하고 성경을 연구하거니와 이 성경이 곧 내게 대하여 증언하는 것이니라 (중략) 나는 사람에게서 영광을 취하지 아니하노라 다만 하나님을 사랑하는 것이 너희 속에 없음을 알았노라(요 5:39-42).

유대인들은 성경을 연구했으나 그들은 성경이 예수님에 대하여 증언하고 있다는 것을 알지 못했다. 그들 속에는 하나님과 이웃을 사랑하는 것이 없기 때문에 성경은 연구했지만 진리를 알 수는 없었던 것이다. 우리가 사랑할 때 하나님으로부터 오는 진리를 알게 되고 자신이 그 진리에 속한 것을 알게 되는 것이다.

넷째, 사랑하면 하나님 앞에서 담대한 마음을 갖게 되고 기도에 대한 응답을 받게 된다.

하나님 앞에 담대하고 거리낌 없는 마음은 기도로 얻어지는 것이 아니라 사랑으로 얻게 되는 것이다. 사랑이 앞서고 기도가 뒤따른다. 기도함으로 사랑하는 것이 아니라 사랑함으로 하나님께 거리낌 없는 담대한 마음을 얻게 되고 그 담대한 마음으로 하나님께 기도할 때 무엇이든지 구하는 것을 받게 되는 것이다. 기도는 구하는 것 자체가 목적이 아님을 알 수 있다. 사랑이 목적이기 때문에 먼저 사랑하고 기도해야 하고 또 기도하고 사랑해야 한다.

> 자녀들아 우리가 말과 혀로만 사랑하지 말고 행함과 진실함으로 하자 이로써 우리가 진리에 속한 줄을 알고 또 우리 마음을 주 앞에서 굳세게 하리니 (중략) 하나님 앞에서 담대함을 얻고 무엇이든지 구하는 바를 그에게 받나니 이는 우리가 그의 계명을 지키고 그 앞에서 기뻐하시는 것을 행함이라(요일 3:18-22).

기도는 사랑과 함께 간다. 사랑은 담대한 마음과 거리낌 없는 마음으로 하나님 앞에 들어가는 문과 같기 때문에 사랑은 기도의 능력이 된다. 그래서 제단에 제물을 드리기 전에 형제와 먼저 화해해야 하고(마 5:24) 기도할 때에 먼저 용서하고 기도해야 한다(막 11:23-25). 사랑이 없으면 산을 옮길만한 믿음도 불사르게 내어주는 열정도 아무것도 아니기 때문이다(고전 13:1-3).

다섯째, 사랑하면 우리가 주 안에 거하고 주가 우리 안에 거하시는 것을 알게 된다.

우리가 그리스도 안에 거하고 그리스도는 우리 안에 거하시는 것은 사랑함으로 이루어진다. 사랑하면 그리스도가 우리 마음에 계시게 되고 더불어 먹고 마시며 교제하게 되는 것이다. 그리스도와의 교제와 사랑은 기도나 헌신으로 되는 것이 아니라 사랑으로 되는 것이다. 형제를 사랑하고 형제와 먹고 마시는 것이 그리스도와 먹고 마시는 것이다. 우리가 예수님의 사랑 안에 거할 수 있는 방법은 서로 사랑하는 것이다(요 15:9-10).

> 그의 계명은 이것이니 곧 그의 아들 예수 그리스도의 이름을 믿고 그가 우리에게 주신 계명대로 서로 사랑할 것이니라 그의 계명을 지키는 자는 주 안에 거하고 주는 그의 안에 거하시나니 우리에게 주신 성령으로 말미암아 그가 우리 안

에 거하시는 줄을 우리가 아느니라(요일 3:23-24).

물론 기도는 계시의 말씀과 성령의 인도하심을 더 잘 알 수 있게 한다. 우리는 성령 충만함과 권능을 위해 기도해야 한다. 그러나 항상 사랑이 떨어지지 않도록 조심해야 한다. 기도만 하는 독실한 종교인이 되지 않도록 경계해야 한다.

만약 그 기도에 사랑이 없다면 무엇을 보았다 한들, 무엇을 안다한들, 무엇을 한다한들 그것이 무슨 의미가 있겠는가!

사랑이야말로 최고의 영성이다. 하나님은 사랑이시기 때문이다.

체휼(體恤)

예수님은 우리와 똑같은 몸을 입고 오셔서 우리가 겪는 고통을 함께 겪으시고 우리의 고통을 대신 담당하셨다. 이와 같이 예수님이 몸으로 우리의 고통을 담당하는 것을 표현하는 의미로 '체휼'이라는 말을 사용한다. 체휼로 번역된 헬라어 숨파쎄오($συμπαθέω$)는 '고통을 함께 한다'는 뜻이다. 특히 몸으로 고통을 함께 한다는 뜻을 가진 한자어 '체휼'(體恤)이라는 표현이 그 의미의 깊이를 잘 담아내고 있다.

우리에게 있는 대제사장은 우리 연약함을 체휼하지 못하실

이가 아니요 모든 일에 우리와 똑같이 시험을 받으신 이로
되 죄는 없으시니라(히 4:15, 개역한글).

개역개정 성경에서는 '체휼'이라는 단어를 '동정'(同情, sympathetic)으로 바꾸어 번역했는데 동정과 체휼은 그 느낌과 깊이가 좀 다르게 다가온다. 동정이 '공감하고 불쌍히 여긴다'는 뜻인 반면에, 체휼은 말 그대로 '고통을 몸으로 함께 체험하고 겪어서 공감하고 불쌍히 여겨 돕는다'는 뜻이기 때문이다. 체휼이란 말은 조선 시대에 백성과 함께 하는 목민(牧民)의 이상적인 왕의 모습을 표현할 때에 사용되었다.

이처럼 체휼은 동질의 고통을 함께 겪고 함께 느끼고 있기 때문에 그 고통을 실제로 도울 수 있는 것이다. 체휼은 자기보다 가여운 사람을 불쌍히 여기는 마음인 동정과 누군가를 불쌍히 여겨 자신의 마음과 같이 여기는 마음인 긍휼의 의미를 모두 포함하여 '함께 고통을 나눈다'는 더 깊고 진한 동질성을 갖고 있다. 예수 그리스도의 성육신과 십자가의 사랑이 강하게 베어 있는 말이다.

그럼 예수 그리스도의 체휼하는 사랑은 어떻게 나타났는가?

첫째, 예수님의 체휼하는 사랑은 하나님과 동등이신 분이 자기를 비워 종의 형체를 갖고 오신 것으로 나타났다.

사랑의 대상인 사람의 모양과 같이 되신 것이다. 체휼의 사랑은 사랑하는 대상과 똑같은 모양이 되는 것으로부터 시작된다. 예수님은

멋있고 잘 생기고 풍모가 있는 사람의 모습으로 오신 것이 아니었다. 고운 모양도 풍채도 흠모할만한 아름다운 것도 없었다. 정말 평범한 보통의 우리와 같은 그 모습 그대로였다.

> 오히려 자기를 비워 종의 형체를 가지사 사람들과 같이 되셨고(빌 2:7).

> 그는 주 앞에서 자라나기를 연한 순 같고 마른 땅에서 나온 뿌리 같아서 고운 모양도 없고 풍채도 없은즉 우리가 보기에 흠모할 만한 아름다운 것이 없도다(사 53:2).

둘째, 예수님의 체휼하는 사랑은 자기를 사람들의 가장 낮은 자리까지 낮추셔서 사람들이 받는 모든 멸시와 고난을 똑같이, 오히려 더 심하게 당하시는 것으로 나타내셨다.

상대방과 똑같은 자리로 내려앉은 것 자체가 체휼이다. 예수님은 조금도 하나님의 아들로서의 대접을 받지 않으셨다. 우리와 똑같은 연약한 육체로 오셔서 이 땅에 사는 가난하고 연약한 사람들이 당하는 모든 수모와 멸시와 고난을 다 받으셨다. 이것이 체휼하는 사랑이다.

> 그는 멸시를 받아서 사람들에게 버림받았으며 간고를 많이 겪었으며 질고를 아는 자라 마치 사람들이 그에게서 얼굴을

> 가리는 것같이 멸시를 당하였고 우리도 그를 귀히 여기지
> 아니하였도다(사 53:3).

셋째, 예수님의 체휼하는 사랑은 사랑하는 사람들의 질고와 슬픔과 징벌과 허물과 죄악을 대신 짊어지고 대신 담당하는 것으로 나타났다.

체휼하는 사랑은 사랑하는 사람의 짐을 대신 지는 것이다. 대신 상하고 대신 찔리고 대신 징계를 받고 대신 채찍에 맞는 것이다. 대신 욕먹고 대신 뺨맞고 대신 빚 갚아주고 대신 굶주리는 것이다. 대신 담당하는 법이 그리스도의 체휼의 법이기 때문이다(갈 6:2).

> 그는 실로 우리의 질고를 지고 우리의 슬픔을 당하였거늘
> 우리는 생각하기를 그는 징벌을 받아서 하나님에게 맞으며
> 고난을 당한다 하였노라 그가 찔림은 우리의 허물을 인함이
> 요 그가 상함은 우리의 죄악을 인함이라 그가 징계를 받음
> 으로 우리는 평화를 누리고 그가 채찍에 맞음으로 우리는
> 나음을 받았도다(사 53:4-5).

넷째, 예수님의 체휼하는 사랑은 사랑하는 사람들을 위해 십자가를 지고 죽기까지 복종하는 것으로 나타났다.

우리는 사랑하되 죽기까지 사랑하지는 못한다. 예수님은 가장 큰

사랑을 친구를 위하여 자기 목숨을 버리는 사랑이라고 말씀하셨다. 이보다 더 큰 사랑은 없다고 하셨다. 사랑하는 사람을 위하여, 친구를 위하여 죽을 수 있는 사랑, 이렇게 대신 죽는 사랑이 가장 큰 사랑이고 체휼의 사랑이다.

> 사람의 모양으로 나타나사 자기를 낮추시고 죽기까지 복종하셨으니 곧 십자가에 죽으심이라(빌 2:8).

> 사람이 친구를 위하여 자기 목숨을 버리면 이보다 더 큰 사랑이 없나니(요 15:13).

다섯째, 예수님의 체휼하는 사랑은 사랑하는 사람과 영광을 같이 나누는 것으로 나타난다.

예수 그리스도는 대신 죽으신 십자가의 사랑으로 모든 이름 위에 뛰어난 이름을 얻는 영광을 받으셨다. 예수님의 십자가의 죽으심은 아들로서 아버지 하나님을 영화롭게 하신 것이었고 예수님 자신도 창세 전부터 아버지와 함께 가졌던 영광으로 다시 영화롭게 된 것이다. 예수님은 이런 자신의 영광을 홀로 갖지 아니하시고 사랑하는 자들과 함께 나누셨다. 자기의 가장 소중한 것을 함께 나누는 것이 체휼이다. 마지막 자기의 영광을 나누는 것이 진정한 하나됨이고 체휼하는 사랑인 것이다.

> 내게 주신 영광을 내가 그들에게 주었사오니 이는 우리가 하나가 된 것같이 그들도 하나가 되게 하려 함이니이다 (중략) 아버지여 내게 주신 자도 나 있는 곳에 나와 함께 있어 아버지께서 창세 전부터 나를 사랑하시므로 내게 주신 나의 영광을 그들로 보게 하시기를 원하옵나이다(요 17:22-24).

이와 같이 체휼하는 사랑은 자신의 온 몸과 온 존재가 사랑하는 대상과 같이 되는 것이다. 그 사람의 자리까지 낮아지고 그 사람의 모든 고통을 대신 짊어지고 그 사람을 대신하여 죽는 자리에까지 가고 마지막 자기 영광을 함께 나누는 것이다. 체휼하는 사랑은 형제가 주릴 때에 먹을 것을 주고 목마를 때에 마시게 하고 나그네 될 때에 영접하고 헐벗을 때에 옷을 입혀주고 병들 때에 돌보고 옥에 갇힐 때에 찾아가는 것이다(마 25:35-40).

돈으로 하는 사랑이 제일 쉽다는 말이 있다. 체휼은 말이나 돈으로 하는 것이 아니라 자기 몸으로 고통을 함께 나누고 대신 짊어지는 것이다. 체휼의 사랑은 예수님의 죽음을 자기 몸에 짊어지는 것과 같다(고후 4:10-11). 체휼의 사랑은 예수님의 남은 고난을 형제와 교회를 위하여 자기 몸에 채우는 것이다(골 1:24).

친구도(親舊道)

요한복음 15장은 포도나무와 가지의 비유로 잘 알려진 말씀이다. 예수님은 포도나무이고 우리는 포도나무에 붙어있는 가지와 같다.

포도나무에 붙어있는 가지처럼 우리가 예수님 안에 거하고 예수님의 말씀이 우리 안에 거하면 무엇이든지 기도하여 구할 수 있고 그러면 열매를 많이 맺게 된다. 열매를 많이 맺으면 하나님께서 영광을 받으시게 되고 우리는 예수님의 제자가 된다. 이것이 요한복음 15:8까지의 '제자도'(弟子道)에 대한 말씀이다.

> 너희가 내 안에 거하고 내 말이 너희 안에 거하면 무엇이든지 원하는 대로 구하라 그리하면 이루리라 너희가 열매를 많이 맺으면 내 아버지께서 영광을 받으실 것이요 너희는 내 제자가 되리라(요 15:7-8).

물론 제자도는 자기의 모든 소유를 버리고 자기 십자가를 지고 예수님을 따르는 데서부터 시작된다(눅 14:25-35). 즉 제자도는 자기 소유를 버리는 것과 자기 십자가를 지는 것과 예수님을 따르는 것으로부터 시작하여 예수님 안에 거하고 말씀이 자기 안에 풍성하게 거하게 하고 기도를 통해 많은 열매를 맺는 것이 그 요체다. 자기를 부인하고 자기 십자가를 지고 주 안에 거하여 말씀을 따라 순종하며 기도

하고 열매를 많이 맺는 삶이 제자도인 것이다.

그런데 요한복음 15장은 여기에서 머무르지 않고 더 나아간다. 다만 예수님 안에 거하고 제자가 되는 것에 머물지 않고 예수님의 사랑 안에 거하는 것에 대해서 말씀하시는 것이다.

어떻게 예수님의 사랑 안에 거할 수 있는가?

예수님의 사랑 안에 거하는 것은 한마디로 서로 사랑하는 데 있다. 예수님은 자신이 아버지의 사랑하라는 계명을 지켜서 아버지의 사랑 안에 거하시는 것처럼 우리도 서로 사랑하라는 예수님의 계명을 지킴으로써 예수님의 사랑 안에 거할 수 있다고 말씀하신다.

> 아버지께서 나를 사랑하신 것같이 나도 너희를 사랑하였으니 나의 사랑 안에 거하라 내가 아버지의 계명을 지켜 그의 사랑 안에 거하는 것같이 너희도 내 계명을 지키면 내 사랑 안에 거하리라(요 15:9-10).

그런데 예수님은 서로 사랑하라는 계명에 덧붙여 친구를 위해서 자기 목숨을 버리는 가장 큰 사랑에 대해서 말씀한다. 그러면서 예수님은 자신이 제자들의 친구이고 제자들은 자신의 친구라고 말한다. 아버지의 모든 비밀을 다 말해 주었기 때문에 더 이상 주종관계가 아니라고 말씀하는 것이다. 그래서 이제는 더 이상 종이 아니라 친구가 된 것이다. 친구 사이에는 비밀이 없기 때문이다.

예수님과 제자들은 당시 보통의 유대인들처럼 선생과 제자의 관계로 만났다(요 1:38). 그리고 많은 시간이 지나고 나서 제자들은 예수님이 단지 선생이 아니라 왕이시고 그리스도시고 하나님의 아들이시라는 것을 알게 된다. 베드로가 "주는 그리스도시요 살아계신 하나님의 아들이시니이다"(마 16:15-16)라고 고백한 것과 같다. 이로써 비로소 진정한 주(主, Lord)와 종의 관계가 된 것이다. 그리고 지금 예수님은 십자가를 앞에 두고 선생과 제자의 관계나 주종관계가 아닌 친구관계가 되었다고 말씀하고 계신 것이다. 예수님은 제자들이 단지 제자가 되는 것이나 왕의 종이 되는 것에 그치지 않고 친구가 되는 자리까지 나아가기를 원하신 것이다.

여기서 친구는 제자와 무엇이 다른가?

그것은 사랑이다. 친구에게는 사랑이 있다. 친구에게는 기쁨이 있다. 예수님은 자기의 기쁨을 친구들에게 충만하도록 주기를 원하셨다(요 15:11). 예수님은 친구들을 사랑하셨고 이제 곧 이 친구들을 위해 죽으실 때가 이르렀다. 친구를 위해 죽는 가장 큰 사랑을 보여주실 것이다.

그럼 예수님은 이러한 친구 이야기를 통해서 친구는 제자와 어떻게 다르다고 말씀하시는가?

> 너희가 나를 택한 것이 아니요 내가 너희를 택하여 세웠나니 이는 너희로 가서 열매를 맺게 하고 또 너희 열매가 항상 있게 하여 내 이름으로 아버지께 무엇을 구하든지 다 받게 하려 함이라(요 15:16).

친구는 제자일 때보다 더욱 더 열매가 많다. 친구의 열매는 기도함으로 열리는 열매가 아니다. 친구에게는 열매가 항상 있다. 기도해서 열매가 있는 것이 아니라 기도하기 전에 이미 열매는 항상 열려 있는 것이다. 그리고 예수님의 이름으로 하는 기도에 대한 특별한 약속이 주어진다. 이미 열린 열매 외에도 예수님의 이름으로 아버지께 구하면 무엇이든지 다 받을 수 있는 것이다. 참으로 놀라운 약속이다.

이 얼마나 놀라운 일인가!

이것이 친구의 도(道)다. 친구도(親舊道)는 사랑과 기쁨과 비밀의 공유와 항상 있는 열매와 기도에 대한 특별한 약속인 것이다.

요한복음 15:1-16은 두 개의 큰 봉우리가 있다. 제자도(弟子道)의 봉우리(7-8절)와 친구도(親舊道)의 봉우리(15-16절)다. 첫 번째 봉우리인 제자도의 봉우리에서 여기가 좋사오니 하고 머물러서는 안 된다. 사랑의 능선을 타고 친구도의 봉우리까지 올라가야 한다. 제자만으로도 훌륭한 것이지만 친구에 비할 수는 없다.

하늘 아버지의 비밀을 알고 싶은가?

예수 그리스도의 기쁨과 사랑 안에 충만히 거하기를 원하는가?

항상 열매가 있기를 바라는가?

그러면 제자도를 넘어서 친구도에까지 가라!

예수님의 제자를 넘어 예수님의 친구가 되라!

아브라함은 하나님의 벗이었다. 하나님은 친구인 아브라함에게 소돔과 고모라를 멸하려는 계획을 숨기지 않으셨다(창 18:17-21). 벗인 아브라함은 하나님의 심판을 놓고 의인의 수에 대해 특별한 기도를 한다(창 18:22-23). 친구의 관계는 하나님과 특별한 관계임에 틀림없다.

우리는 제자도와 함께 친구도를 가져야 한다. 예수님과 친구가 되고 또 다른 그리스도인들과 친구가 되어야 한다.

그러면 특별히 누구와 친구가 되어야 하는가?

구약 성경에서는 고아와 과부와 나그네는 항상 하나님의 친구라 불려졌다. 하나님은 이들을 돌보시는 아버지였고 재판장이셨다(시 68:5). 그들은 레위인의 상에 참여하여 함께 먹을 수 있도록 허락되었다(신 16:14; 26:12). 그들이 고통 받으면 하나님께서도 고통을 받으셨다. 그들에 대한 돌봄과 사랑은 그 시대의 영성의 바로미터였다. 그래서 그들이 버림받은 시대는 영적으로 어두운 시대였고 하나님은 이스라엘을 버리셨다.

예수님은 특별히 형제 중 지극히 작은 자의 친구가 되어야 한다고 말씀하셨다. 지극히 작은 자는 주리고 목마르고 나그네 되고 헐벗고 병들고 옥에 갇히고 가난하고 삶에 매이고 묶인 자들이다. 예수님은 그들의 친구였고 바로 그들을 예수님 자신으로 여기셨다(마 25:31-46). 이들만이 아니라 모든 사람의 친구가 되어야 한다.

왜 우리는 친구가 되어야 하는가?

친구관계는 아무런 조건이 없기 때문이다. 친구관계는 높음과 낮음이 없기 때문이다. 친구관계는 차별이 없기 때문이다. 친구는 거래하지 않고 사랑하기 때문이다. 그리스도 안에서 성도들에게는 더 높고 낮음이 없다. 이 세상에서 덧붙여진 모든 이름과 지위와 부와 권세를 내려놓고 친구가 되어야 한다. 친구는 하나님께서 우리를 부르시는 사랑의 이름이고 자유의 호칭이다.

자유와 사랑

자유는 무엇인가?

우리는 한 존재로서 자유한 자인가?

자유가 무엇인지를 알기는 참으로 쉽지 않다. 그 이유는 아마 우리가 한 존재로서 온전한 자유자가 아니기 때문일 수도 있고 자유의 무한함 때문일 수도 있다. 사전적 의미에서 자유(自由, freedom)는 일반적으로 '내외부로부터의 구속이나 지배를 받지 않고 존재하는 그대로

의 상태와 스스로 하고자 하는 것을 할 수 있는 것'을 말한다. 그래서 자유는 외부로부터 속박이 없는 상태를 가리키는 '~로부터의 자유'와 자신이 하고자 하는 바를 적극적으로 할 수 있는 상태를 의미하는 '~에 대한 자유'를 모두를 포함한다. 자유에 대한 이런 기준으로 보면 사람은 무엇으로부터 속박 없는 자유와 무엇을 할 수 있는 자유를 가진 완전히 자유로운 존재가 아님에 틀림없다. 무엇인가에 매여 있고 무엇이든지 할 수 있는 능력이 없기 때문이다.

그런데 놀랍게도 성경말씀은 이 자유를 말씀하고 있다. 자유에 대해서 그리고 자유롭게 되는 길에 대해서 말씀한다.

성경은 자유를 무엇이라고 말씀하고 있는가?

자유를 어떻게 얻을 수 있다고 말씀하는가?

> 그러므로 예수께서 자기를 믿은 유대인들에게 이르시되 너희가 내 말에 거하면 참으로 내 제자가 되고 진리를 알지니 진리가 너희를 자유롭게 하리라(요 8:31-32).

성경은 요한복음 8장에서 자유롭게 되는 길이 진리를 아는데 있다고 말씀한다. 자유를 주는 것은 어떤 국가나 사회나 경제나 종교나 지식이나 권력이 아니라 진리가 자유를 준다고 말씀한다.

그러면 자유를 주는 진리는 무엇인가?

진리는 어떤 지식이나 지식체계나 이론이 아니다. 진리는 예수 그리스도 자신이다(요 14:6). 진리는 생명이고 길이다. 그래서 예수님은 진리이고 아들이신 자신이 자유를 주신다고 말씀하신 것이다(요 8:36). 예수님께서 유대인들에게 진리와 자유에 대해서 말하자 유대인들은 즉각 자신들은 아브라함의 자손으로서 종이 된 적이 없다고 말한다. 종이 된 적이 없는데 어찌 자유롭게 될 필요가 있는가라고 반문하는 것이다.

여기에서 자유가 무엇인가에 대한 성경의 독특한 개념이 나온다. 자유의 개념을 종과 아들이라 불리는 지위와 신분으로 설명한다. 유대인들이 종이 된 적이 없다고 말하자 예수님은 죄를 범하는 자는 죄의 종이고 종은 자유가 없는 자로서 집에 거하지 못한다고 말씀한다. 그러면서 종과 대비하여 집에 거할 수 있는 자는 아들뿐이고 아들만이 자유로운 자라고 말씀하신 것이다.

> 예수께서 대답하시되 진실로 진실로 너희에게 이르노니 죄를 범하는 자마다 죄의 종이라 종은 영원히 집에 거하지 못하되 아들은 영원히 거하나니 그러므로 아들이 너희를 자유롭게 하면 너희가 참으로 자유로우리라(요 8:34-36).

성경에서 아들은 독특한 지위를 갖고 있다. 아들은 아버지의 형상이고 영광이고 찬송이고 약속의 자녀이고 상속자다. 맏아들이신 예수 그리스도와 같이 될 자들이다. 이렇게 아들은 많은 의미를 갖고 있는데 그 중 하나가 아들은 항상 자유자를 의미하는 말로 사용된다. 아들에게는 자유가 있다. 이것이 종과 크게 다른 점이다.

하나님의 부르심은 독특하다. 하나님은 우리를 단지 믿는 신자로만 부르신 것이 아니다. 우상을 섬기는 이방신들과 같이 하나님 자신을 두려움과 축복의 대상으로 섬기라고 부르신 것이 아니다. 정성과 헌신을 다해 섬기면 축복을 받고 그렇지 않으면 벌을 받는 그런 하나님을 섬기는 종의 신분으로 부르신 것이 아니다. 놀랍게도 하나님은 창세 전부터 사랑과 기쁨으로 아들들을 계획하시고 하나님의 형상을 닮은 아들들로 만드셨다. 그리고 아들들로 부르시고 맏아들이신 예수 그리스도와 같은 아들들로 영화롭게 하시는 것이다(롬 8:29-30).

이 얼마나 놀라운 일인가!

아버지와 아들 사이에는 사랑이 있다. 아버지와 아들 사이에는 자유가 있다. 아버지와 아들 사이에는 닮음이 있고 하나됨이 있다. 아들은 아버지의 자랑이고 영광이고 기쁨이다. 아버지와 아들의 관계는 그 어떤 법이나 제도도 초월하는 사랑과 자유의 관계인 것이다.

성경말씀이 말하는 자유는 바로 이 하나님의 아들됨으로부터 오는 자유다. 자유롭게 되어서 아들이 되는 것이 아니라 아들이기 때문에 자유한 것이다. 자유의 원천은 하나님이시다.

이 자유의 하나님이 아버지가 되심으로서 우리를 아들로 삼으시고 자유를 주신 것이다. 하나님은 자유하신 유일한 존재시다. 그 어떤 것에도 속박되거나 억압받으시거나 제한받지 않으신다. 그 무엇이든지 원하시는 것을 하실 수 있는 능력이 있으시다. 전지하시고 전능하시며 무한하시다. 모든 것을 초월하여 스스로 계시는 분이다. 하나님은 "나는 스스로 있는 자이다"(I Am That I Am, 출 3:14)라고 말씀하셨다. '나는 나이다'라는 말은 '나는 스스로 존재하는 자이다'라는 의미다.

온 우주의 모든 존재 가운데 자존하시는 분은 하나님 한 분밖에 없다. 하나님만이 참 실재(實在)이시고 자유자인 것이다. 우리가 자유를 얻은 것은 바로 참 실재이시고 진리이시고 자유하신 하나님이 아버지가 되시고 우리가 그 아들이 되었기 때문이다.

하나님과 예수님과 성령님은 항상 자유를 주신다. 세분 하나님은 항상 자유하신 영이시기 때문이다.

> 주는 영이시니 주의 영이 계신 곳에는 자유가 있느니라(고후 3:17).

그리고 이 자유에는 사랑이 있다. 사랑은 자유 안에 있고 자유는 사랑 안에 있다. 자유가 없이는 사랑할 수 없고 사랑이 없으면 자유한 것이 아니다. 사랑은 자유로 꽃이 피고 자유는 사랑으로 충만해진다. 자유와 사랑은 본질상 같은 속성의 다른 면이다. 둘 다 빛에 속한 하나님의 본성이다. 자유와 사랑은 실과 바늘처럼 항상 같이 있고 같이 간다. 빛과 어둠이 같이 있을 수 없듯이 자유는 사랑이 아닌 것과 양립할 수 없고 사랑은 자유가 아닌 것과 양립하지 않는다. 자유가 사랑이 아닌 미움과 죄악을 위해 사용된다면 그것은 이미 자유가 아닌 것이다. 그것은 이미 죄와 악에 매여서 종이 되었기 때문이다.

마찬가지로 자유가 아닌 두려움과 어두움의 사슬에 매여 있다면 그 사람은 사랑할 수가 없게 된다. 자유가 아닌 두려움은 사랑과 같이 있을 수 없다(요일 4:18). 그래서 온전한 사랑이 두려움을 내어 쫓는 것이다. 자유가 하나님께 속한 것처럼 사랑은 하나님께 속한 것이다(요일 4:7-8). 자유와 사랑은 모두 하나님으로부터 온다. 그래서 하나님을 알고 하나님께 속하고 하나님의 아들이 된 사람은 참 자유자가 되고 참으로 사랑하는 자가 되는 것이다.

그러면 하나님의 아들로서 자유와 사랑으로 부르심 받은 우리는 그 자유와 사랑을 어떻게 성취할 수 있는가?

자유는 사랑이 없으면 자칫 방종으로 사용될 위험이 있다. 자유가 방종이 되면 다시 죄에 매여 종노릇하는 길로 가게 되는 것이다. 또한 영이신 하나님으로부터 오는 참 자유와 기쁨이 없는 사랑은 종교적인 열심과 헌신과 자기 의가 될 위험이 있다. 교회는 종종 자유를 여러 규례와 법도와 전통과 같은 것으로 제한하곤 한다. 순종과 헌신과 같은 종교적인 정신과 태도로 성도들을 가르치고 묶어놓으려고 한다.

어린아이들에게 너무 많은 금을 그어놓고 이것도 하지마라 하고, 저것도 하지마라 하면서 과도하게 보호하고 통제한다고 하여 온전하게 키울 수 없듯이 그리스도인의 방종을 염려하여 너무 많은 규제와 통제로 자유를 제한하면 안 된다. 어린아이들이 놀이터에서 다른 아이들과 어울리며 마음껏 자유롭게 놀면서 넘어지고 다치고 스스로 일어나고 하면서 성장해 갈 수 있도록 하는 것처럼 성도들로 하여금 성령의 인도를 따라 스스로 자유와 사랑을 배워가도록 해야 한다.

자유는 사랑으로, 오직 사랑으로만 스스로 그 권리를 제한하고 포기할 수 있어야 한다. 그 어떤 강압이나 두려움으로 포기하는 것이 되어서는 안 된다. 또한 사랑은 자유가 주는 자발성과 기쁨으로, 오래 참음과 견딤으로 할 수 있어야 한다. 이에 대해 갈라디아서는 두 가지를 말씀한다.

첫째, 우리를 진실로 자유롭게 하시려고 자유를 주셨는데 다시 종의 멍에를 메지 말라는 것이다.

둘째, 그 자유로 자기를 위한 육체의 기회로 삼지 말고 사랑으로 종 노릇 하라는 것이다.

> 그리스도께서 우리를 자유롭게 하려고 자유를 주셨으니 그러므로 굳건하게 서서 다시는 종의 멍에를 메지 말라(갈 5:1).

> 형제들아 너희가 자유를 위하여 부르심을 입었으나 그러나 그 자유로 육체의 기회를 삼지 말고 오직 사랑으로 서로 종 노릇 하라(갈 5:13).

그럼 먼저 무엇이 우리가 가진 아들의 자유를 빼앗아 종의 멍에를 지우려고 하는지 알아보자.

우리는 무엇으로부터 자유자가 되었고, 또 무엇으로부터 자유로운 자가 되어야 하는가?

첫째, 우리는 죄의 종으로부터 자유롭게 되었다.

우리는 마귀의 자녀였고 마귀의 욕심을 따라 살았던 죄의 종이었다. 진리와 성령으로 종의 멍에를 꺾고 죄와 사망의 법에서 해방되어 자유로운 자가 되었다.

여기서 죄로부터 자유하게 되었다는 말은 무슨 뜻인가?

다시는 죄를 짓지 않는다는 말인가?

아니면 다시는 죄가 우리에게 역사하지 않는다는 말인가?

둘 다 아니다. 죄로부터 자유롭게 되었다는 것은 예수 그리스도와 함께 죄와 육신에 대하여 십자가에 못박혀 죽은 것을 말한다. 그러므로 죄에게 '죄야 너는 더 이상 나를 지배할 수 없어!'라고 선포하고 성령의 인도함을 받아 자신을 거룩한 산제사와 의의 병기로 드릴 수 있게 되었다.

그러면 죄는 더 이상 우리를 주관하지 못하게 되는 것이다. 우리는 죄가 더 이상 우리 안에서 왕 노릇 할 수 없다는 이 진리를 알고 있다. 예전에는 우리가 죄에 대하여 무기력하였지만 이제는 죄가 우리에게 아무런 권리도 권세도 없다는 것을 아는 것이다.

우리는 얽매였던 죄로부터 자유하게 되었고 성령을 따라 다시는 죄의 종노릇 하지 않는 변화된 삶을 살게 된 것이다. 죄로 넘어질 때에도 예수 그리스도의 의를 힘입어 다시 일어나서 하나님께 나아간다. 이렇듯 죄로부터 자유하다는 것은 더 이상 죄가 우리를 주장하지 못하게 하는 삶을 사는 것이다.

둘째, 우리는 사망의 권세와 저주와 두려움으로부터 자유롭게 되었다.

우리는 생명의 성령의 법으로 죄와 사망의 법으로부터 해방되었다. 이는 사망과 사망에 속한 모든 것들과 저주와 두려움으로부터 속량되어 자유롭게 된 것을 말한다. 예수님은 혈과 육을 입고 오셨고 죽으심과 부활을 통해 사망이 갖고 있는 모든 권세를 깨뜨리셨다. 사망에 속한 것들인 두려움과 저주와 질병과 연약함을 십자가의 죽으심으로 속량하셨다(갈 3:13). 바로 이 진리로 우리가 자유함을 누리는 것이다. 이 말씀을 근거로 우리는 모든 저주와 두려움과 질병과 가난과 어둠의 세력에게 물러가라고 명령하는 것이다.

> 자녀들은 혈과 육에 속하였으매 그도 또한 같은 모양으로 혈과 육을 함께 지니심은 죽음을 통하여 죽음의 세력을 잡은 자 곧 마귀를 멸하시며 또 죽기를 무서워하므로 한평생 매여 종 노릇 하는 모든 자들을 놓아 주려 하심이니(히 2:14-15).

셋째, 우리는 율법으로부터 자유롭게 되었다.

복음의 진리로 말미암아 모든 율법의 희생제사와 초등학문으로부터 자유하게 된 것을 우리는 이미 잘 알고 있다. 그러나 율법은 우리가 가진 자유를 엿보고 있다가 우리가 가진 자유를 빼앗고 종으로 삼으려고 한다. 율법은 지키다가 하나를 범하면 모든 율법을 범한 것과 같다. 그렇기 때문에 율법으로 돌아가면 다시 율법의 종노릇하게 되는 것이다. 우리는 이미 율법의 모든 정죄로부터 해방되어 자유자가 되었다.

> 그러나 나와 함께 있는 헬라인 디도까지도 억지로 할례를 받게 하지 아니하였으니 이는 가만히 들어온 거짓 형제들 때문이라 그들이 가만히 들어온 것은 그리스도 예수 안에서 우리가 가진 자유를 엿보고 우리를 종으로 삼고자 함이로되 그들에게 우리가 한시도 복종하지 아니하였으니 이는 복음의 진리가 항상 너희 가운데 있게 하려 함이라(갈 2:3-5).
>
> 누구든지 온 율법을 지키다가 그 하나에 거치면 모두 범한 자가 되나니(약 2:10).

예수님은 율법을 더하지 않으셨다. 오직 서로 사랑하라는 새 계명을 주셨을 뿐이다. 모든 율법은 이 사랑으로 완성된다. 그러므로 십계명과 율법을 한 조목씩 행위로써 지켜서 완성하려고 하면 안 된다. 갈라디아 성도들처럼 다시 율법으로 돌아가 율법에 매여 사는 어리석은 자가 되어서는 안 된다(갈 3:1). 율법으로부터 자유자가 된 우리는 오직 성령으로 사랑 안에서 율법을 완성해 가는 것이다.

넷째, 우리는 세상의 많은 유익한 것들로부터 자유롭게 되어야 한다.

바울은 자기 육체를 따라 자랑할 만한 것들이 많았다. 이스라엘 족속이었고 베냐민 지파였고 히브리인 중에 히브리인이었고 율법으로는 바리새인이었고 율법의 의로는 흠이 없었다(빌 3:5-6). 이런 조건들은 자신에게 유익한 것들이었고 자랑할 만한 것들이었다. 그러나 바울은 자기 자신을 규정지어 주는 학력, 경력, 신분, 직업, 지위 같은 것들을 모두 해롭게 생각하고 배설물로 여겼다.

우리는 우리를 규정지을 뿐 아니라 세상에서 유익하다고 하는 이런 모든 것들로부터 진정 자유한가?

이런 것들은 진정한 자기 정체성이 아니다. 자기를 담는 그릇들일 뿐이다. 그릇이 유용한 것이지만 그 그릇을 자기 정체성으로 삼아서는 안 된다. 그릇됨이나 그릇을 의존해서 사는 것이 아니라 그 그릇 안에 담겨있는 하나님의 아들된 자신의 지위와 정체성으로 살아야 한다. 이 모든 유익한 것들은 우리를 담는 그릇으로서 그저 그 자리에 있는 것으로 사용할 뿐 그 이상도 그 이하도 아닌 것이다. 그것들을 위해 산다거나 그것들에 붙잡혀 매여 살아서는 안 된다. 우리는 오직 예수 그리스도께 붙잡힌바 된 것을 바라보고 푯대를 향해서 갈 뿐이다.

> 그러나 무엇이든지 내게 유익하던 것을 내가 그리스도를 위하여 다 해로 여길뿐더러(빌 3:7).

> 내가 이미 얻었다 함도 아니요 온전히 이루었다 함도 아니라 오직 내가 그리스도 예수께 잡힌바 된 그것을 잡으려고 달려가노라(빌 3:12).

다섯째, 우리는 우리가 알고 있는 지식으로부터 자유롭게 되어야 한다.

바울은 예수 그리스도를 알기 전에 당대 최고의 율법학자였던 가말리엘의 문하생으로서 율법에 대한 지식에 관한한 자부심이 대단했던 사람이다(행 22:3). 그런 그가 이 모든 지식을 배설물과 같이 여기고 예수 그리스도를 아는 지식이 가장 고상하다고 고백한다. 그뿐 아니라 그는 예수 그리스도에 대해서 더 많은 것을 알고 싶어 했다. 예수 그리스도와 그 부활의 능력과 그리스도의 고난에 참여하는 것이 어떠한 것이지를 더 알고자 한 것이다.

우리는 이미 알고 있는 지식이나 더 배우려고 하는 모든 지식으로부터 진정 자유로운 자가 되어야 한다. 예수 그리스도를 더 깊이 아는 그 지식만이 진정한 참 자유를 주기 때문이다. 그래서 바울은 예수 그리스도와 그가 십자가에 못 박히신 것 외에는 아무것도 알지 아니하기로 작정하였던 것이다(고전 2:2).

> 또한 모든 것을 해로 여김은 내 주 그리스도 예수를 아는 지식이 가장 고상하기 때문이라 내가 그를 위하여 모든 것을 잃어버리고 배설물로 여김은 그리스도를 얻고 그 안에서 발견되려 함이니 (중략) 내가 그리스도와 그 부활의 권능과 그 고난에 참여함을 알고자 하여 그의 죽으심을 본받아 어떻게 해서든지 죽은 자 가운데서 부활에 이르려 하노니(빌 3:8-11).

여섯째, 우리는 재물의 소유에 대해서 자유롭게 되어야 한다.

바울은 비천한데 처할 줄도 알고 풍부한데 처할 줄도 알고 어떤 상황에서도 만족할 수 있는 삶의 일체의 비결을 배웠다. 재물은 소유하는 것이 아니라 맡아서 사용하는 것이다. 재물의 많고 적음에 매이는 것이 아니라 어떤 형편에서든지 함께 하시는 하나님으로 더불어 만족할 줄 아는 참 자유가 있어야 한다.

재물로부터의 자유는 비록 포도나무에 열매가 없고 감람나무에 소출이 없고 우리에 양이 없고 외양간에 소가 없을지라도 오직 하나님을 즐거워하고 기뻐할 수 있는 자유인 것이다(합 3:17-18).

> 내가 궁핍하므로 말하는 것이 아니니라 어떠한 형편에든지 나는 자족하기를 배웠노니 나는 비천에 처할 줄도 알고 풍부에 처할 줄도 알아 모든 일 곧 배부름과 배고픔과 풍부와 궁핍에도 처할 줄 아는 일체의 비결을 배웠노라 내게 능력 주시는 자 안에서 내가 모든 것을 할 수 있느니라(빌 4:11-13).

일곱째, 우리는 우리가 가진 권리와 권한으로부터 자유롭게 되어야 한다.

바울은 사도로서 성도들로부터 물질적인 섬김을 받아 복음으로 먹고 살 권리가 있고 아내와 함께 다닐 권리가 있다고 말한다(고전 9:4-12). 이처럼 누구나 지위에 따른 권리와 권한이 있기 마련이다. 아내의 권리, 자녀의 권리, 사장의 권리, 직원의 권리, 성도의 권리, 사역자의 권리가 있다.

그러나 바울은 그 권리와 권한을 다 쓰지 않겠다고 말한다. 자신의 마땅한 권리를 내려놓기는 쉽지 않다. 그러나 그리스도 안에서 사랑으로 권리와 권한을 내려놓을 수 있는 자유자가 되어야 한다. 예수님은 하나님과 동등된 지위와 권리를 주장하지 않으시고 자신을 사람의 모양으로까지 낮추셨다. 이와 같이 마땅한 권리와 권한을 다 사용하지 않고 누리지 않을 수 있는 자유의 자리까지 갈 수 있어야 한다.

> 그런즉 내 상이 무엇이냐 내가 복음을 전할 때에 값없이 전하고 복음으로 말미암아 내게 있는 권리를 다 쓰지 아니하는 이것이로다(고전 9:18).

여덟째, 우리는 모든 사람으로부터 자유롭게 되어야 한다.

사람으로부터 자유하다는 것은 두 가지 측면이 있다. 하나는 어떤 사람에게도 사랑이 아닌 그 어떤 이유로도 매이지 않는 것을 말한다. 사람에게 매이지 않는 것은 쉬운 일이 아니다.

우리는 도울 힘이 없는 인생에게 얼마나 많이 의존하며 사는가!

어떤 이익을 줄 수 있다고 생각하는 권력과 지위와 재물을 가지고 있는 사람들과 관계를 맺는데 많은 정열을 쏟곤 한다. 그리고 그 사람들을 아는 것으로 자기의 자랑과 힘을 삼으려고 한다. 우리는 어떤 필요를 이유로 사람들에게 얽매이는 것으로부터도 자유로워야 한다. 자신의 도움이 하나님으로부터만 온다는 것을 아는 자유를 가져야 한다.

> 귀인들을 의지하지 말며 도울 힘이 없는 인생도 의지하지 말지니 그의 호흡이 끊어지면 흙으로 돌아가서 그날에 그의 생각이 소멸하리로다 야곱의 하나님을 자기 도움으로 삼으며 여호와 자기 하나님에게 자기의 소망을 두는 자는 복이 있도다(시 146:3–5).

사람으로부터 자유하다는 의미의 또 다른 하나는 다른 사람들에게 자기를 맞춰 사랑으로 그들의 종이 되는 것을 말한다. 바울은 유대인에게는 유대인 같이, 율법 아래에 있는 자에게는 율법 아래 있는 자와 같이, 율법 없는 자에게는 율법 없는 자와 같이, 약한 자들에게는 약한 자와 같이 되었다. 우리가 어떤 사람에 대하여 그들과 같이 되기는 정말 어렵다. 그들과 같이 되는 그리스도의 체휼하는 사랑으로만 스스로 종이 되어 그들과 같이 될 수 있다.

> 내가 모든 사람에게서 자유로우나 스스로 모든 사람에게 종이 된 것은 더 많은 사람을 얻고자 함이라(고전 9:19).

하나님은 우리에게 "진리를 알지니 진리가 너희를 자유롭게 하리라"는 말씀처럼 우리에게 하나님께 속한 자유를 주신다. 하나님이 주신 자유는 이 세상의 그 어떤 것에도 매이지 않고 종노릇하지 않는 자유다. 그것이 죄든지, 저주와 사망이든지, 율법이든지, 지식과 그 어떤 유익한 것들이든지, 재물이든지, 일이든지, 권리이든지, 사람이든지 하나님은 이 모든 것들로부터 우리가 자유하고 자유를 누리기를 원하신다. 하나님 자신이 자유하신 분이시기 때문이다.

우리에게 주신 이 자유는 하나님도 제한하고 싶어 하지 않으신다고 확신한다. 하나님은 우리에게 주신 이 자유를 억지로 빼앗아가지 않으신다. 오히려 하나님은 이 자유로 마음껏 먹고 마시고 기뻐하고 즐거워하고 나누고 사랑하고 충만하기를 바라신다. 이 세상에서 우리의 자유를 제한하거나 빼앗아갈 만큼 자유보다 더 큰 것은 없다. 진리로 말미암아 주신 이 자유는 아들에게 주신 하나님 아버지의 선물이기 때문이다.

그런데 하나님께서 주신 우리의 이 자유를 제한할 수 있는 것이 하나 있다. 그것은 오직 사랑뿐이다. 하나님께서 우리에게 부어주신 그 사랑만이 자유를 제한할 수 있다.

"자유를 위하여 부르심을 받았으나 오직 사랑으로 서로 종노릇하라"(갈 5:13)는 말씀처럼 우리 안에 부어진 하나님의 사랑이 스스로 자유를 내려놓게 만드는 것이다. 자발적인 굴복이다. 하나님은 종교적인 어떤 열심과 헌신으로, 또는 강압적인 힘이나 두려움으로 자유를 포기시키는 것을 원하시는 것이 아니다. 오직 사랑으로만 종노릇 하는 것이 허용되었다.

그럼 우리는 어떻게 자발적으로 사랑의 종이 될 수 있는가?

갈라디아서 5:13에서 "사랑으로 서로 종노릇하라"고 말씀하시고 이어서 사랑의 종이 되는 길에 대해서 갈라디아서 5:16부터 6장에 걸쳐 말씀해 주고 있다. 이 일은 옛사람의 방식인 육신의 노력으로는 할 수 없는 일이다. 육신의 소욕에는 사랑이 없기 때문이다. 옛사람에 속한 육신의 소욕은 죄의 종으로 끌고 갈 뿐이다(갈 5:17-21).

사랑의 종이 되는 유일한 길은 성령을 따라 행하는 길밖에 없다. 우리의 자유를 성령께 맡겨야 한다. 우리의 자유는 성령의 인도하심을 받을 때에 비로서 방종으로 흐르지 않고 자발적인 순종을 할 수 있는 능력이 생기게 되고 사랑의 열매를 맺을 수 있게 된다. 우리의 자유가 성령을 따라 가면 사랑의 종으로서 크게 세 가지 열매를 맺게 된다.

첫째, 성령의 아홉 가지 열매로 불리는 성품의 열매다(갈 5:22-23).

우리 안에서 옛사람의 육신의 성품은 벗겨지고 하나님의 성품이 새롭게 돋아서 자라고 열매 맺는 것이다.

둘째, 그리스도의 법인 담당의 법을 성취할 수 있는 사랑이 생긴다(갈 6:2-5).

담당의 법은 각각 자기의 짐을 질뿐 아니라 서로 짐을 대신 지는 것이다. 각각 자기 자리에서 자기의 분량만큼 서로 사랑하는 것을 말한다.

셋째, 성령을 위하여 심은 선한 행실의 열매를 거두게 된다(갈 6:7-10).

하나님의 심고 거두는 법에 따라 성령으로 선을 행하는 것을 말한다. 그리고 낙심하거나 포기하지 않고 하나님의 때를 기다리면 반드시 열매를 거두게 된다. 성령으로 말미암아 선을 행할 능력과 견디는 능력이 만들어지는 것이다.

이와 같이 하나님은 성령으로 우리 안에서 자유와 사랑의 자발적인 정체성을 만드시는 과정을 통해 우리가 스스로의 명예와 책임과 영광으로 하나님 자신의 무한한 자유와 사랑에 이르도록 인도하신다. 이 여정을 통해서 우리는 하나님의 무한한 자유와 사랑과 오래 참으심과 긍휼과 자비를 더 깊이 알게 된다. 이 지식에 넘치는 사랑을 배워가면서 이 사랑으로 인하여 자유를 기꺼이 포기할 줄 알게 되는 것이다. 이렇게 자신의 자유를 형제에게 값없이 주는 것이 사랑이다. 사랑 없는 자유는 빛도 없고 향기도 나지 않는다. 사랑 없는 자유는 교만해질 뿐이다. 사랑이 자유를 참 자유되게 만든다. 사랑하는 자만이 진정 자유한 사람이다. 자유와 사랑은 하나님께 속한 같은 것의 다른 표현이기 때문이다.

> 사랑하는 자들아 우리가 서로 사랑하자 사랑은 하나님께 속한 것이니 사랑하는 자마다 하나님으로부터 나서 하나님을 알고 사랑하지 아니하는 자는 하나님을 알지 못하나니 이는 하나님은 사랑이심이라(요일 4:7-8).

교회와 교제

교회(敎會)를 뜻하는 헬라어는 에클레시아(ἐκκλησία)이다. 이 말은 '불러내다,' '밖으로 불러 모으다'라는 어원을 갖고 있다. 그래서 교회는 사람들이 스스로 모이거나 우연히 만들어진 모임이나 회합이 아니다. 성령의 계시와 감동을 통해 하나님으로부터 부르심을 받아 세상으로부터 불러 모아진 자들의 모임인 것이다.

이렇게 부르심 받은 성도들의 모임인 교회의 본질은 무엇인가?

이를 몇 마디 말로 정의하기는 불가능한 일일 것이다. 교회는 하나님께서 영원부터 예수 그리스도 안에 감추었던 비밀의 경륜을 드러내는 것이기 때문이다(엡 3:9-11). 세상 속에 숨겨진 하나님의 나라와 은밀하고 보이지 않는 누룩과 백 배의 열매를 결실하는 작은 씨와 같이 교회는 하나님의 일하시는 지혜와 비밀인 것이다.

바울은 교회를 우리가 잘 아는 몸의 비유로 설명했다. 교회는 그리스도의 몸이고 그리스도는 교회의 머리시다. 성도들은 몸의 각 지체와 같이 서로 한 몸을 이룬다. 몸이 머리의 충만함을 나타내는 것과 같이 교회는 그리스도의 충만함으로 채워진다(엡 1:22-23).

> 우리가 한 몸에 많은 지체를 가졌으나 모든 지체가 같은 기능을 가진 것이 아니니 이와 같이 우리 많은 사람이 그리스도 안에서 한 몸이 되어 서로 지체가 되었느니라(롬 12:4-5).

그러면 그리스도의 충만함은 어떻게 교회에 전달되고 채워지는가?

머리로부터 각 마디와 힘줄로 공급되고 각 마디를 통하여 온 몸의 각 지체로 전달된다. 각 지체는 서로 연결되고 결합되어 각각의 역할과 분량대로 채워져서 서로 작용하고 일하여 몸을 자라게 한다. 마찬가지로 교회는 머리이신 예수 그리스도로부터 모든 것이 공급된다. 머리이신 예수 그리스도로부터 공급받아 마디와 힘줄을 통해 각 지체들에게 전달되는 것이다.

그럼 교회에서 마디와 힘줄은 무엇인가?

사도와 선지자와 복음 전하는 자와 목사와 교사와 같이 그 역할로 부르심 받은 자들이다. 이렇게 머리로부터 마디와 힘줄의 역할을 하는 사람들을 통해 공급받은 각 성도들은 서로 연합되고 결합하여 각각의 분량대로 주고받으며 하나가 되어 몸이 자라듯이 그리스도의 장성한 분량에까지 자라간다.

> 오직 사랑 안에서 참된 것을 하여 범사에 그에게까지 자랄지라 그는 머리니 곧 그리스도라 그에게서 온 몸이 각 마디를 통하여 도움을 받음으로 연결되고 결합되어 각 지체의 분량대로 역사하여 그 몸을 자라게 하며 사랑 안에서 스스로 세우느니라(엡 4:15-16).

> 머리를 붙들지 아니하는지라 온 몸이 머리로 말미암아 마디와 힘줄로 공급함을 받고 연합하여 하나님이 자라게 하시므로 자라느니라(골 2:19).

몸에서 각각의 지체는 역할이 다를 뿐 높고 낮음이나 더 소중하거나 덜 소중하지 않다. 몸에 필요 없는 지체가 있는 것이 아니다. 작은 지체 하나라도 분량이 가득 채워지지 않으면 온 몸의 분량은 가득 차지 않게 된다. 온 몸이 충만하려면 각 지체마다 빠짐없이 충만해야 한다. 이것이 몸의 하나됨의 특징이다. 이와 같이 몸의 각 지체가 하나가 되어 한 몸으로 자라듯이 교회는 모든 성도가 예수 그리스도를 믿는 것과 아는 일에 하나가 되어 온전한 사람을 이루게 되고 비로소 그리스도의 장성한 분량이 충만한 데까지 자라게 되는 것이다.

각각의 지체는 홀로는 그리스도의 장성한 분량의 충만한 데까지 자랄 수 없다. 한 몸으로 자라가지 않고 개인적으로 깊은 영성을 추구하여 다른 성도들보다 더 신령하고 더 성숙한 것을 자랑하는 사람들이 있다. 만약 그 분량이 개인의 것으로만 그친다면 그것은 한 지체의 분량일 뿐이다. 그 분량이 아무리 크다할지라도 몸으로써 하나됨의 분량이 아니라면 그저 한 지체의 분량일 뿐이다. 다른 지체들과 연합하여 나누고 채움으로써 몸 전체의 분량으로 충만하게 되고 다른 지체의 분량을 자기의 분량으로 함께 채움으로써 몸의 분량을 누리게 되는 것이다. 이것이 교회가 한 몸이 되어 사랑으로 자라가는 비밀인 것이다.

> 우리가 다 하나님의 아들을 믿는 것과 아는 일에 하나가 되어 온전한 사람을 이루어 그리스도의 장성한 분량이 충만한 데까지 이르리니(엡 4:13).

머리이신 그리스도로부터 공급과 전달을 받은 지체들인 성도들 간의 연합과 교류는 교회 안에서 어떻게 이루어지는가?

성도들의 연합과 교류는 교회의 가장 본질적인 특징 중 하나라 할 수 있다. 성도들 간의 연합과 교류는 교제를 통해서 이루어진다. 교제(交際)는 헬라어로 코이노니아(κοινωνία)인데, 이는 지체인 각 성도들 간의 상호작용과 예수 그리스도와의 교제를 말한다.

한국 교회에서 가장 부족한 것이 아마 이러한 교제일 것이다. 예배와 선교와 봉사와 가르침 같은 것을 교회의 본질적 내용으로 생각하는 반면에 교제에 대해서는 그 본질의 중요성을 소홀히 하고 있는 것이다. 예배와 선교와 봉사와 헌신과 가르침은 교회의 중요한 것들임에 틀림없다.

그러나 예수 그리스도와의 교제, 성도들 간의 교제가 없다면 예배와 선교와 봉사와 헌신과 가르침의 모든 충만한 것들을 어떻게 공급하고 전달하고 나눌 수 있겠는가!

교회에서 교제가 소홀하다는 것은 우리말의 교회 이름에도 그대로 나타나 있다. 우리말로 교회는 헬라어 '에클레시아'(ἐκκλησία)를 '가르칠 敎'와 '모일 會'를 사용하여 '가르치는 모임'이라는 뜻의 '교회(敎會)'로 번역하였다. 교회가 가르치는 곳이라는 생각을 준다. 오히려 교회의 본질상 '사귈 交'자를 사용하여 '교회(交會)'라고 했으면 좋았을 것이다. 교회의 본질은 가르치는 것보다는 교제에 있기 때문이다.

너희를 불러 그의 아들 예수 그리스도 우리 주와 더불어 교제하게 하시는 하나님은 미쁘시도다(고전 1:9).

교제는 교회에서 이루어지는 모든 예배와 선교와 봉사와 가르침을 그리스도의 충만하고 풍성한 공급으로 채우는 동맥과도 같다. 또한 교제는 교통(交通)하시는 성령님의 중요한 사역이기도 하다. 교제는 예수님과의 먹고 마시는 사귐이고 그리스도인들이 성장하는 가장 중요한 능력이기도 하다.

우리는 하나님과 예수 그리스도를 어떻게 더 깊게 알아 갈 수 있는가? 성경공부를 통해서 얻는 지식만으로는 부족하다. 예배만으로 알 수 있는 것도 아니다. 선교나 봉사를 통해서 알 수 있는 있는 것도 아니다. 기도만으로 알 수 있는 것도 아니다. 이 모든 것 가운데 예수 그리스도와의 교제가 있어야 한다. 이 모든 것들은 교제 가운데서 이루어져야 한다. 하나님은 살아계시고 말씀하시고 사랑하시고 기뻐하시는 분이시다. 그저 예배를 받으시고 가만히 계시는 분이 아니고 그저 기도를 들으시고 가만히 계시는 분이 아니다. 하나님은 우리와 더불어 먹고 마시고 말씀하시고 사랑하기를 원하신다.

이러한 인격적인 교제가 있는 성경공부와 예배와 선교와 봉사와 기도가 되어야 한다. 교제가 있어야 이 모든 것들이 종교가 되지 않고 아버지와 아들 간의 생명이 되고 사귐이 되고 사랑이 되고 기쁨이 되고 영광이 되고 자유가 된다.

> 볼지어다 내가 문 밖에 서서 두드리노니 누구든지 내 음성을 듣고 문을 열면 내가 그에게로 들어가 그와 더불어 먹고 그는 나와 더불어 먹으리라(계 3:20).

> 우리가 보고 들은 바를 너희에게도 전함은 너희로 우리와 사귐이 있게 하려 함이니 우리의 사귐은 아버지와 그 아들 예수 그리스도와 더불어 누림이라(요일 1:3).

교제는 하나님과의 교제뿐만 아니라 성도들과도 있어야 한다. 성도들 사이에 교제와 주고받는 소통이 없다면 성도들은 서로 공급할 수 없고 나눌 수 없고 사랑할 수 없고 상호작용을 할 수 없고 성장할 수 없게 된다. 교제는 누가 누구를 가르치는 것과는 다르다. 교제는 만나서 서로 말하고 먹고 마시고 나누고 사랑하고 기뻐하는 것이다.

교제하는 가장 좋은 관계는 친구가 되는 것이다. 친구는 높낮이가 없고 지식이나 지위나 부를 누가 더 갖고 덜 갖는 것이 상관없는 그런 관계다. 친구의 교제는 능력이 있다. 사람은 얼굴과 얼굴을 마주보며 교제를 통해 자기 안에 있는 것들이 호흡하듯이 들고 날 때 충만해지고 변화된다. 어떤 책이나 교육 프로그램이나 지식보다 인격과 인격이 마주치는 사람과의 교제가 훨씬 더 큰 능력이 있는 것이다.

> 철이 철을 날카롭게 하는 것같이 사람이 그의 친구의 얼굴을 빛나게 하느니라(잠 27:17).

그럼 교제는 어떻게 해야 하는가?

먼저 하나님과의 교제를 회복하여 새롭게 시작하고, 동시에 사람들과의 교제를 가져야 한다.

첫째, 개인적인 모든 신앙생활을 하나님과의 교제의 시간으로 만들어야 한다.

성경을 그저 읽지만 말고 하나님과 대화해라. 일방적으로 기도하지 말고 하나님께 말하고 묻고 하나님의 말씀을 들어라. 혼자 말하지 말고 하나님께서 말씀하실 시간을 드려라. 그리고 잠잠히 기다려라.

둘째, 교회에서 다른 사람의 뒷모습만 보고 오는 예배를 하지 말고 영과 진리로 예배하며 예배하는 중에 하나님과 교제하라.

감사함으로 문을 열고 찬송함으로 하나님의 궁정 안으로 들어가라(시 100:4). 하나님의 영광의 임재를 보고 하나님이 말씀하시는 성령의 음성을 들어라. 이것이 성령과 진리로 드리는 예배이다.

셋째, 가정과 직장과 세상의 모든 삶의 영역에서 함께 하시는 하나님과 교제하라.

모든 시간과 모든 장소와 모든 일들과 모든 관계 속에서 하나님께 말하고 하나님의 말씀을 들어라.

동시에 하나님과의 교제와 함께 사람들과의 교제를 회복해야 한다. 사람들과의 교제는 어떻게 해야 하는가?

첫째, 모든 사람들과 조건 없는 친구로서 교제해야 한다.

이 시대의 문제는 교제할 친구가 없다는 것이다. 사람을 만날 때 무엇을 위한 목적이나 수단으로 만나지 마라. 그냥 목적 없이 만나고 그저 친구가 되라. 가르치려 하거나 배우려 하거나 하지 말고 또 도와주려 하거나 도움을 받으려 하거나 하지 말고 있는 그대로 만나는 것이 좋다. 친구가 되는 것으로 사랑하고 감사하고 기뻐하면 모든 것들이 채워질 것이다. 친구와의 교제를 통해 자유와 사랑을 배우게 될 것이다.

둘째, 교제할 시간을 만들어서 교제해야 한다.

이 시대의 또 하나의 문제는 교제할 시간이 없다는 것이다. 사실은 시간이 없는 것이 아니라 교제할 마음이 없는 것이다. 그 어떤 일보다도 교제를 우선순위에 두고 교제부터 해라.

사람이 일보다 중요하고 사랑이 돈보다 소중한 것임을 기억하라. 그러면 바쁘다고 아우성치던 일들도 다 제시간에 제자리에 제모습으로 정렬되는 것을 경험하게 될 것이다.

셋째, 교제는 늘 먹고 마시고 나누고 얘기하는 방식으로 하는 것이 좋다.

정형화된 형식이 없는 것이 좋다. 다음에 또 반복되는 똑같은 형식의 교제가 아니라 재현되지 않는 단 한 번의 교제를 하라. 단 한 번의 그 교제에 온 마음과 정성과 사랑과 시간을 집중하라. 그러면 성령이 자유롭게 일하실 것이다.

넷째, 하나님께서 사람들과의 교제를 통해 하시고 싶은 일이 무엇인지 묻고 살펴라.

하나님께 교제에 대해서 묻고 상황을 살펴라. 그리고 교제 가운데서 일하시는 하나님의 따뜻한 손길을 보고 말씀을 들어라. 하나님이 기뻐하시는 것을 신랑의 친구된 기쁨으로 행하라(요 3:29).

두세 사람이 모인 곳에 함께 하시는 하나님은 우리들의 교제 가운데서 기쁨으로 함께 하신다. 모임과 교제의 어떤 형식이나 내용에 함께 하시는 것이 아니라 교제하는 사람들에게 함께 하시는 것이다. 교제는 자유와 사랑이다. 교제에는 능력이 있다. 사람과 사람이 만나는 교제를 대체할 다른 것은 없다. 교제의 능력을 회복해야 한다. 그러면 예배도 선교도 봉사도 다른 모든 것도 회복될 것이다. 교제 따로 예배 따로가 아니라 교제가 있는 예배와 선교와 봉사와 가르침이 되어야 한다. 교회(敎會)는 교회(交會)가 되어야 한다. 교제는 사랑의 법을 성취하는 능력이기 때문이다. 하나님께서 우리에게 주신 자유와 사랑을 가장 잘 누리고 나눌 수 있는 길이 교제인 것이다.

온유와 겸손

성경에서 말하는 온유와 겸손은 바늘과 실과 같이 한 짝으로 같이 다닌다. 온유하지 않은데 겸손하거나 겸손하지 않은데 온유하기는 어렵다. 온유와 겸손은 서로 같이 있음으로써 온전한 모습이 된다. 성경에서 말하는 온유와 겸손을 그 본래의 의미 그대로 알기는 쉽지 않다. 특히 온유(溫柔)는 그 한자의 뜻에 따라 대부분 '온화하고 부드러운 성품'으로 생각한다. 여기에 이의를 제기할 사람은 별로 없을 것이다.

그럼 성경에서 말하는 온유의 의미는 '온화하고 부드러운 성품'으로 충분할까?

먼저 성경이 이 세상에서 가장 온유한 사람을 모세라고 지목한 말씀을 살펴보자.

> 이 사람 모세는 온유함이 지면의 모든 사람보다 더하더라(민 12:3).

이처럼 성경은 모세를 당시대의 온 세상에서 가장 온유한 사람으로 말씀하고 있다. 그러나 모세를 생각할 때 정말 성품이 온화하고 부드러운 사람이라는 이미지를 떠올리기는 쉽지 않은 것이 사실이다.

모세는 어떤 사람이었는가?

청년 시절엔 사람을 죽일 정도로 의분이 강하고 그 성정이 강렬했던 사람이었다. 지도자가 된 이후에는 백성들이 우상을 만들어 숭배하는 것을 보았을 때 십계명 돌판을 던져서 깨뜨릴 정도로 불 같은 분노를 나타내기도 했고 바위를 두 번씩이나 내리치는 급하고 참지 못하는 성품을 보이기도 했다.

모세의 성품은 온유하기보다는 오히려 불같이 급하고 강한 이미지에 가깝지 않은가!

이런 모세를 성경은 지면에서 가장 온유한 사람이라고 말하고 있다. 이로 보건대 온유가 우리가 알고 있듯이 온화하고 부드러운 성품만을 의미하는 것이 아님을 유추해 볼 수 있다.

온유(溫柔, gentleness)로 번역된 헬라어 프라우테스(πραΰτης)의 어원적 배경은 우유부단한 성격을 의미하거나 연약한 이미지를 가르키는 말이 아니다. 헬라나 로마 시대에는 야생마를 길들여 교통수단으로 썼는데 야생마가 길들여져서 순해진 말을 '프라우테스 말'이라고 불렀다. 사나운 맹수를 훈련시켜 주인의 명령에 잘 순종하고 따를 때 '온유해졌다'라고 말한 데서 유래한 말이다. 라틴어의 온유(mitis)도 '말에게 재갈을 먹인다'는 뜻을 가지고 있다.

이처럼 어원적으로 볼 때 온유의 뜻은 본능적인 행동을 통제할 수 있을 만큼 길들여지고 잘 훈련된 성품으로 이해할 수 있다. 한마디로 외유내강(外柔內剛)에 가깝다. 힘이 잘 조절되어 본능적이거나 충동적이지 않은 성품, 조급하지 아니하고 너그러운 성품, 경솔하지 아니하고 침착한 성품, 부드럽고 온화한 성품을 내포하고 있다.

칼빈은 온유를 "부드러운 태도로 친절하고 쉽사리 노하지 않고 보복하지 않고 자기에 대한 악의에 길이 참는 것"이라고 말했다. 이로 볼 때 모세는 미디안 광야에서의 40년의 시간 동안 말에 재갈을 물리듯 온유한 성품으로 연단되었을 것이다. 구스 여인과의 결혼에 대해서 미리암과 아론의 비방을 참아낸 것을 보면 알 수 있다(민 12:1-3).

그럼 성경이 말하는 온유와 겸손의 진정한 의미는 무엇인가?

예수님은 스스로 "나는 마음이 온유하고 겸손하니"(마 11:29)라고 말씀하셨다. 그러면 예수님의 어떤 성품을 온유와 겸손이라고 했는지를 알게 되면 온유와 겸손이 어떤 성품인지 알 수 있을 것이다. 예수님의 온유와 겸손에 대한 말씀은 빌립보서 2장에 잘 나타나 있다.

빌립보서 2:5은 우리가 품어야 할 예수의 마음, 즉 예수님의 성품에 대해 말씀하고 있다. "너희 안에 이 마음을 품으라 곧 그리스도 예수의 마음이니"라는 말씀이다. 이 '예수님의 마음'이라는 말씀을 중심으로 그 앞의 1-4절까지의 말씀과 그 뒤 6-8절의 말씀이 대비를 이루고 있다. 즉 1-4절은 겸손에 대한 말씀이고 6-8절까지의 말씀은 온유에 대한 말씀인 것이다.

마태복음 11:29에서 이미 말씀하신 "나는 마음이 온유하고 겸손하니"라는 말씀과 연결하여 보면 빌립보서 2:5의 '예수의 마음'은 '온유하고 겸손한 마음'으로 보아 무리가 아닐 것이다. 이런 전제를 놓고 볼 때 1-4절의 말씀이 겸손에 대한 말씀이기 때문에 6-8절에 나오는 예수님의 모습은 비록 온유라는 직접적인 표현은 없지만 앞의 겸손과 한 짝인 온유의 성품으로 확증할 수 있을 것이다. 6-8절에 나타난 예수님의 모습은 앞에서 이미 살펴본 온유의 어원적인 의미를 충분하게 담고 있을 뿐 아니라 그보다 훨씬 더 깊은 하나님의 성품으로서의 온유에 대한 내용을 담아내고 있기 때문이다.

> 그는 근본 하나님의 본체시나 하나님과 동등됨을 취할 것으로 여기지 아니하시고 오히려 자기를 비워 종의 형체를 가지사 사람들과 같이 되셨고 사람의 모양으로 나타나사 자기를 낮추시고 죽기까지 복종하셨으니 곧 십자가에 죽으심이라(빌 2:6-8).

그러면 빌립보서 2:6-8에 나타난 예수님의 모습을 통해 나타난 온유는 어떤 성품인가?

여기서 우리는 온유가 갖고 있는 세 가지 의미를 알 수 있다.

첫째, 예수님은 하나님이시면서 하나님과 동등됨을 취하지 않으셨다. 이것은 온유의 성품이 마땅한 자신의 지위와 권리를 주장하지 않고 포기하는 것임을 말해 준다.

둘째, 자기를 비우고 사람들과 똑같은 종의 모습이 되기까지 자기를 낮추셨다. 이것은 온유가 상대방의 지위와 모습의 자리까지 자기를 낮추어 똑같이 되는 것임을 의미한다.

셋째, 십자가를 지고 죽기까지 복종하셨다. 이는 온유는 상대의 짐을 대신 담당하는 성품임을 말한다.

이와 같이 예수님이 보이신 온유는 놀라운 성품이다. 자신의 지위와 권리를 포기하고 다른 사람과 같은 자리까지 낮아지고 그 사람의 짐을 대신 짊어지는 성품이 온유인 것이다. 온유는 우리가 알고 있듯이 단순히 온화하고 부드러운 성품만이 아니다. 밖으로 표현되는 태도는 따뜻하고 부드럽지만 자기 지위와 권리의 포기, 낮은 자리로의 내려옴, 남의 짐을 대신 짊어짐과 같은 깊고 크고 강한 신의 성품에 속한 것이다. 그래서 온유는 성령으로 말미암아 인내로 결실하는 성령의 열매에 속한 성품이라고 말씀하고 있는 것이다(갈 5:22-23).

이러한 온유의 성품을 확증해 주는 또 하나의 좋은 성경의 모본이 있다. 앞에서 말한 지면에서 가장 온유했던 모세의 온유한 성품에 대한 증언이다. 놀랍게도 예수님의 온유와 똑같은 성품을 모세에게서도 찾을 수 있다.

물론 이 말씀은 히브리서를 쓴 기자가 특정한 연령 때의 모세의 성품을 묘사했다기보다는 120년의 전 일생을 하나로 보고 모세의 최종적인 성숙한 모습을 기록한 말씀이지만 온유에 대한 놀라운 통찰력을 주는 말씀임에 틀림없다.

> 믿음으로 모세는 장성하여 바로의 공주의 아들이라 칭함 받기를 거절하고 도리어 하나님의 백성과 함께 고난 받기를 잠시 죄악의 낙을 누리는 것보다 더 좋아하고 그리스도를 위하여 받는 수모를 애굽의 모든 보화보다 더 큰 재물로 여겼으니 이는 상 주심을 바라봄이라(히 11:24-26).

모세의 성품이 예수님의 성품과 얼마나 동일한가 보라!

첫째, 모세는 애굽의 왕자의 지위와 권리를 포기했다.

둘째, 백성들과 같은 자리로 내려와 그들과 같은 모습으로 양치는 목자가 되었다.

셋째, 애굽으로 다시 가서 자기 백성들의 짐을 짊어지고 출애굽시켰다.

예수님의 모형을 보듯이 동일하지 않은가!

이 말씀으로 보아 모세는 지면에서 가장 온유한 자라 칭함을 받을 만하지 않았을까!

성경의 말씀처럼 두 명의 증거는 증거능력이 있다고 하였듯이 예수님과 모세의 증거로 충분하다. 이 말씀을 통해서 지위와 권리를 포기하고, 다른 사람과 같은 자리로 낮아지고, 남의 짐을 대신 짊어지고 담당하는 성품으로 온유를 정의할 수 있을 것이다. 예수님과 모세를 통해 온유가 어떤 성품인가를 아는 것은 우리가 예수 그리스도와 같이 온유한 사람이 되는 데 매우 유익한 일이다. 그러나 온유는 쉽게 얻어지는 성품이 아니다. 인내로써 온유하고 겸손하신 예수님께 배워야 하고 성령으로 열매를 맺어야 하기 때문이다.

이제 예수님의 겸손의 성품에 대해서 알아볼 차례다. 온유와 겸손의 관계를 비유로 표현한다면 아마 겸손은 그릇과 같고 온유는 그 그릇 안에 담긴 향기롭고 아름다운 열매라고 할 수 있을 것이다.

그래서 온유는 항상 겸손이라는 모습으로 나타나고 진정 겸손할 수 있는 것은 온유의 성품이 있기 때문이다. 담겨진 온유의 성품이 없이 겸손의 모양만 나타내게 되면 진정한 겸손이 아닐 수 있다. 꾸며낸 겸손이 될 수도 있는 것이다.

그럼 겸손은 어떤 성품인가?

빌립보서 2:1-4은 겸손을 세 가지 모습을 담고있는 성품으로 말씀하고 있다. "'오직' '겸손'한 '마음'으로" 각각, 각각, 각각 이렇게 세 가지를 말한다.

> 아무 일에든지 다툼이나 허영으로 하지 말고 오직 겸손한 마음으로 각각 자기보다 남을 낫게 여기고 각각 자기 일을 돌볼뿐더러 또한 각각 다른 사람들의 일을 돌보아 나의 기쁨을 충만하게 하라(빌 2:3-4).

첫째, 겸손은 자기보다 남을 낮게 여기는 것이다.

남을 자기보다 낮게 여긴다는 것은 비교해서 우열로서가 아니라 있는 그대로의 한 존재로서 하나님으로부터 난 존귀한 사람임을 인식하고 진실로 다른 사람을 존중하는 태도를 말한다.

둘째, 겸손은 자기 일을 돌볼 줄 아는 것이다.

어떻게 자기 일을 돌아보는 것이 겸손이 될 수 있을까?

자기 일을 돌본다는 것은 마땅히 자기 책임을 다 하는 것이다. 만약 자기 일을 소홀히 하거나 게을리 한다면 다른 사람에게 책임을 전가하는 것이 되고 짐을 지우는 것이나 마찬가지가 된다. 또한 자기 일은 제대로 돌아보지 않고 남의 일에 참견하는 것이 된다. 다른 사람에게 책임을 떠넘기거나 짐을 지우는 것은 남을 존중하지 않는 것과 같다. 자기 일을 잘 하는 것이 겸손의 길이다.

셋째, 겸손은 다른 사람들의 일을 돌아보는 것이다.

다른 사람의 일을 돌아보는 것은 자기 일을 잘 한 다음에 해야 한다. 그때서야 비로소 겸손이 된다.

이와 같이 겸손은 그저 예의바른 겸양의 태도이거나 무조건 자기를 낮추는 것이 아니다. 겸손은 남을 자기보다 낮게 여기는 마음과 자기 일을 잘 하는 것과 남의 일을 돌아볼 줄 아는 이 세 가지가 한 묶음으로 함께 갈 때 완성된다. 예수님은 늘 겸손한 마음과 태도를 보여주셨다. 예수님은 간음하다 붙잡혀 온 여인을 대하실 때나 수가성 우물가에서 사마리아 여인을 만나실 때에나 그들을 차별하지 않으시고 배려하고 존중하는 태도로 대하셨다. 빈들에서 배고픈 무리들을 돌보아 배불리 먹게 하셨고 포도주가 떨어진 혼인잔치를 풍성하게 채워주셨다.

그러면 온유와 겸손의 성품은 이 세상에 사는 그리스도인의 일상의 삶속에서는 어떻게 나타나야 하는가?

이에 대한 사례는 베드로전서 2장에서 잘 말해 주고 있다. 여기에 오늘날로 말하면 직장에 다니는 한 사람이 나온다. 그런데 그의 상사는 까다로운 성격을 가진 사람이다. 그 직장을 다니는 사람은 열심히 일하는데 오히려 부당한 대우와 고통을 받는다. 우리는 자주 이런 말도 안 되는 불합리한 상황과 맞닥뜨리곤 한다.

> 사환들아 범사에 두려워함으로 주인들에게 순종하되 선하고 관용하는 자들에게만 아니라 또한 까다로운 자들에게도 그리하라 부당하게 고난을 받아도 하나님을 생각함으로 슬픔을 참으면 이는 아름다우나 죄가 있어 매를 맞고 참으면 무슨 칭찬이 있으리요 그러나 선을 행함으로 고난을 받고 참으면 이는 하나님 앞에 아름다우니라
> (벧전 2:18-20).

이럴 때 그리스도인은 어떻게 해야 하는가?

그 부당함에 맞서 싸우든지 고발하든지 아니면 사직서 내던지고 떠나든지 해야 하지 않을까?

온유와 겸손의 성품을 가진 그리스도인이라면 어떻게 해야 하는가?

온유하고 겸손하신 예수님은 어떻게 본을 보이셨는가?

성경말씀은 참으라고 말씀하신다. 놀랍게도 선을 행하고도 억울한 고난을 받을 때에 하나님을 생각하고 참는 것이 아름답다고 말씀하신다. 이것이 그리스도가 보여주신 온유의 본이다.

이것이 현실적인 우리의 일상생활에서 가능한 일일까?

가만히 있으면 바보같이 되고 나서서 싸우면 모난 사람같이 되는 것이 현실이다. 이럴 때 많은 그리스도인들은 의로운 생각으로 옳고 그름을 따지고 자신이 옳음을 증명하려고 한다. 하나님께 억울함을 호소하며 기도도 할 것이다. 그런데 말씀은 참으라고 할 뿐만 아니라 심지어 이것을 위하여 부르심을 받았다고 말한다.

억울한 일 당했을 때 싸워서 이기는 것이 부르심의 목적이 아니고 참는 것이 부르심의 목적이라니 이 얼마나 놀라운 말씀인가!

> 이를 위하여 너희가 부르심을 받았으니 그리스도도 너희를 위하여 고난을 받으사 너희에게 본을 끼쳐 그 자취를 따라오게 하려 하셨느니라(벧전 2:21).

온유와 겸손의 성품은 상대방의 태도에 따라서 자신의 태도가 달라지는 것이 아니다. 온유하고 겸손한 사람은 관용의 성품을 가진 사람에게는 좋은 태도로 대하고 까다로운 사람에게는 까칠하게 차별하여 다르게 대하지 않는다. 상대방의 성품의 좋고 나쁨이 자신의 태도의 정당성을 증명해 주지 않는 것이다.

온유하고 겸손한 사람은 부당하게 당하는 고난이라 할지라도 옳고 그름을 따지고 대적하고 싸우는 것이 아니라 참고 견딤으로 이겨나간다. 이것이 온유하고 겸손한 사람이 그리스도를 생각함으로 참고 견디며 사는 방식이다. 이것이 이 세상의 부당한 일과 부당한 고난을 이기는 그리스도인의 삶의 태도다. 온유하고 겸손하신 예수 그리스도가 본을 보여 그렇게 사시고 모든 그리스도인들이 그 발자취를 따라오라고 하신 말씀이다.

그럼 예수님이 보여주신 온유와 겸손으로 사신 모본을 따라가 보자. 예수님은 이 세상에서 고난을 많이 당하셨다. 예수님은 멸시를 받고 간고를 많이 겪었으며 사람들에게 버림을 받았다. 사람들은 예수님이 징벌을 받아 고난 받는 것이라고 생각했다(사 53:3-4).

예수님은 이와 같이 핍박하는 사람들에 대하여 어떻게 대응하셨는가?

예수님의 온유와 겸손의 성품이 어떻게 나타나는가?

예수님의 고난 받는 태도는 그리스도인이 이 세상의 부당한 고난과의 싸움에서 이길 수 있는 방법과 방식을 본으로 보여주신다.

그는 죄를 범하지 아니하시고 그 입에 거짓도 없으시며 욕을 당

하시되 맞대어 욕하지 아니하시고 고난을 당하시되 위협하지
아니하시고 오직 공의로 심판하시는 이에게 부탁하시며 친히
나무에 달려 그 몸으로 우리 죄를 담당하셨으니 이는 우리로 죄
에 대하여 죽고 의에 대하여 살게 하려 하심이라(벧전 2:22-24).

예수님의 모본은 일곱 단계로 이루어져 있다.

① 죄를 범하지 않으신다.

② 입에 거짓이 없으시다.

③ 맞대응하여 욕하지 않으신다.

④ 위협하지 않으신다.

⑤ 공의로 심판하시는 하나님께 맡기신다.

⑥ 상대방의 잘못과 문제를 대신 담당하신다.

⑦ 승리의 뛰어난 이름을 얻으신다.

첫 번째 단계로 예수님이 죄를 범하지 않으셨다는 것은 우리가 감당하기는 쉽지 않다.

그렇더라도 그리스도인이 육신을 따라 죄를 짓지 않고 성령의 인도하심으로 사는 것은 중요한 일이다.

두 번째 단계로 예수님은 그 입에 거짓이 없으셨다.

거짓말은 물론이고 어떤 변명의 말도 어떤 변호의 말도 하지 않았다는 뜻이다.

우리는 자신이 얼마나 부당한 일을 당했는지에 대해 말하기 좋아하고 자기는 잘못이 없음을 변명하기 좋아하는가!

심지어는 거짓말을 해서라도 자기의 입장을 더 유리한 상황으로 만들기도 한다. 그러나 예수님은 아무런 말씀도 하지 않고 어린양과 같이 잠잠하셨다. 상대방의 부당함과 자신의 정당함을 굳이 소리 높여 말하여 상황을 유리하게 만들려고 하지 않으셨다.

세 번째 단계로 예수님은 욕을 당하시되 맞대어 욕하지 아니하셨다.

우리는 상대방과 싸울 때 욕을 당하면 그와 대등한 수준의 욕으로 맞대응 한다. 주먹질을 당하면 주먹으로 맞대응 한다. 이는 이로, 눈은 눈으로 보복한다. 이런 세상의 방식으로는 결코 이길 수 없다. 상대방이 모든 힘을 다 쓰고 진을 다 쏟을 때까지 맞대응하지 않는 것이 이기는 길이다. 악한 자를 맞대응하여 대적하기보다는 오히려 오른편 뺨을 치면 왼편도 돌려대고 고발하여 속옷을 가지고자 하면 겉옷까지도 가지게 해야 한다. 그리스도의 온유와 겸손의 성품은 성내지 아니하고 악한 것을 생각하지 아니하고 모든 것을 참고 모든 것을 견디는 것이다.

네 번째 단계로 예수님은 위협하지 아니하셨다.

예수님은 얼마나 큰 힘과 능력과 권세를 갖고 계신가!

그러나 예수님은 자신이 가지신 힘과 능력과 권세로 상대방을 위협하거나 굴복시키지 않으셨다.

우리는 싸울 때 자신이 가진 크고 작은 배경이나 지위나 부와 같은 힘을 이용하여 얼마나 많이 상대방을 위협하고 압박하고 두렵게 하여 굴복시키려고 하는가!

자신의 정당한 힘이 있다할지라도 그 힘으로 상대를 굴복시키거나 압박을 가해서는 안 된다.

다섯 번째 단계로 예수님은 오직 공의로 심판하시는 이에게 부탁하셨다.

운동장에서 뛰는 선수가 스스로 심판해서는 안 된다. 선수는 싸우는 당사자이기 때문이다. 모든 부당한 고난뿐만이 아니라 이 세상의 모든 싸움에는 공의로운 심판자가 계신다. 자기의 옳고 그름으로 판단하고 심판하지 말고 공의로운 심판자이신 하나님께 맡기면 된다. 직접 싸워 원수를 갚지 말고 숯불을 그 머리에 쌓아 하나님께 맡겨라(롬 12:20). 이것이 악에게 지지 않고 선으로 악을 이기는 방식이다(롬 12:21)

여섯 번째 단계로 예수님은 친히 나무에 달려 대신 짊어지고 담당하셨다.

예수님은 자신에게 부당한 고난을 가하는 사람들의 죄와 잘못과 짐을 오히려 대신 짊어지셨다. 우리로선 감당하기 어려운 말씀이다. 그러나 그리스도의 법은 싸워 이기는 것이 아니라 져서 이기는 것이다. 그냥 단순히 지는 정도가 아니라 상대의 짐까지 대신 짊어지고 담당하는 데까지 나아가는 것이다. 이것이 세상 죄를 지고 가는 어린양의 모습이다(요 1:29). 이 세상에 대하여 변명하지 않고 맞대어 욕하지 않고 위협하지 않고 싸우지 않고 대신 짊어지고 희생하는 양과 같이 사는 그리스도인들의 정체성을 보여 주신 것이다.

일곱 번째 단계로 예수 그리스도는 모든 이름 위에 뛰어난 승리의 이름을 얻으셨다.

온유하고 겸손한 성품은 결국 영광의 승리를 얻게 될 것이다(빌 2:9-11). 온유와 겸손에는 승리와 보상이 약속되어 있다. 강한 자가 땅을 차지하는 하는 것이 아니라 온유한 자가 땅을 기업으로 얻게 된다(마 5:5). 하나님은 교만한 자를 대적하시고 겸손한 자들에게 은혜를 주신다. 때가 되면 겸손한 자를 하나님의 능하신 손으로 높여 주신다(벧전 5:5-6). 이 세상에서는 승리와 보상을 받지 못할지도 모른다. 그러나 하나님의 나라에서 더 큰 영광을 받을 뿐 아니라 온유와 겸손의 성품 자체가 영광이고 승리이고 상급인 것이다.

에필로그

　예수님은 "나는 마음이 온유하고 겸손하니 내게 배우라"(마 11:29)고 말씀하셨다. 예수 그리스도를 알고 배우는 첫 번째 문이 온유와 겸손이라는 의미의 말씀으로 받아들일 수 있는 말씀이다. 온유와 겸손은 모든 성품의 첫 문이다. 온유와 겸손은 모든 성품과 모든 관계와 모든 일의 문을 여는 열쇠와 같은 성품이다.

　나는 인생이 곤고하던 6년 전 어느 날 내 인생이 왜 이렇게 꼬였을까 생각하고 있었다. 그 때 내 마음에 들어온 말씀이 예수님의 온유와 겸손이었다. 싸우고 경쟁하고 분노하는 나의 삶이 온유하고 겸손하지 않은 성품으로부터 왔다는 것을 알게 되었다. 그래서 예수님의 온유와 겸손의 말씀을 마음에 품고 읊조리고 먹고 마시고 교제하며 1년여 동안을 성령의 인도하심 가운데 살았다. 예수 그리스도와 같이 온유하고 겸손한 사람이 되고 싶었기 때문이다.

　그러던 어느 날 이 세상에 사는 동안 예수님과 같이 온유하고 겸손한 사람을 과연 볼 수 있을까 하는 생각이 문득 들었다. 예수님처럼 온유하고 겸손한 사람을 한번 보고 싶어졌다. 그러던 중 2012년 7월에 여름방학 계절학기 강의봉사 목적으로 간 연변과학기술대학(YUST)에서 평양과학기술대학(PUST) 설립부총장인 전유택 교수님을 만나게 되었다.

　엷게 웃으시는 얼굴에 온유와 겸손이 한눈에 가득 들어왔다. 커피를 사 주시는 교수님께 여쭈었다.

"어떻게 그렇게 온유하고 겸손한 모습을 가질 수 있었습니까?"

그랬더니 손사래를 치시면서 말씀하셨다.

"만약 내가 조금이라도 그런 모습이 있다면 10살 때 평양에서 할머니를 따라 피난 나온 후로 60년 동안 한 번도 무엇을 얻기 위해서 누구와 싸우거나 빼앗거나 이겨먹지 않아서일 거요."

나는 온유와 겸손의 사람을 보았고 온유와 겸손의 열쇠를 발견한 기분이었다. 예수님께서 하나님과 동등된 지위와 권리를 버리시고 우리와 똑같은 모습으로 우리의 자리까지 낮아지시고 싸우지도 변명하지도 않으시고 우리의 죄를 대신 짊어지고 죽기까지 복종하신 그 온유하고 겸손하신 성품이 마음 가득히 충만하게 느껴졌다.

경쟁하고 싸우고 빼앗는 방식으로 사는 이 세상에서 욕먹고 맞고 빼앗기고 대신 담당함으로써 이기는 것이 예수 그리스도의 온유와 겸손의 방식이다. 자크 엘륄은 『세상 속의 그리스도인』(*The Presence of the KINGDOM*[대전: 대장간, 2010])에서 이 세상 속에서의 그리스도인의 세 가지 정체성을 소금과 빛과 양이라고 말했다. 그리스도인의 온유와 겸손의 삶의 방식은 바로 양과 같은 정체성으로 사는 것이다. 양은 싸우지도, 반항하지도, 변명하지도 않고 희생함으로써 자기를 다 내준다.

이 책의 주제인 사랑의 법도 이 온유하고 겸손한 성품의 그릇에 담겨짐으로써 온전하게 성취되고 완성될 수 있다. 예수 그리스도의 온유하고 겸손한 마음부터 배워야 한다. 온유와 겸손의 문을 열고 들어가면 쉼과 기쁨과 지혜와 사랑의 문들이 열릴 것이다.

예수 그리스도의 온유하고 겸손한 마음을 어떻게 배울 수 있는가?

사랑의 문을 어떻게 열고 들어갈 수 있는가?

모든 도덕적이고 종교적인 것들로 덧붙이려고 하지 않아야 한다. 온유와 겸손과 사랑과 같은 하나님의 성품은 열심과 헌신과 학습으로 얻을 수 있는 것이 아니기 때문이다. 새사람이 된 우리 안에 이미 성령으로 말미암아 온유와 겸손과 사랑의 능력이 부어져 있다.

> 소망이 우리를 부끄럽게 하지 아니함은 우리에게 주신 성령으로 말미암아 하나님의 사랑이 우리 마음에 부은 바 됨이니(롬 5:5).

새 생명으로 거듭날 때 그리스도의 생명과 함께 그리스도 안에 감춰진 능력과 성품과 지혜의 모든 보화가 들어왔다. 그리스도의 능력과 성품과 지혜는 이미 우리 안에 그리스도와 함께 있는 것이다. 다만 그것은 씨와 같아서 나무처럼 자라나야 알 수 있다. 무화과나무는 무화과 열매를 맺고 포도나무는 포도열매를 맺듯이 우리 마음에 심겨진 사랑의 씨는 사랑나무로 자라서 사랑의 열매를 맺게 되고, 온유와 겸손의 씨는 온유와 겸손의 나무로 자라서 온유와 겸손의 열매를 맺는 것이다.

성령의 열매는 모두 이와 같다. 열매는 모두 우리 안에 심겨진 나무인 예수 그리스도로부터 그 생명이 흘러나와서 열매로 열리는 것이다. 이 나무는 먹고 마시고 교제하고 사랑함으로써 자라고 꽃이 피고 잎이 무성해지고 열매를 맺는다. 지식이나 종교적 열심이나 헌신으로 자라는 것이 아니다.

성령으로 말미암아 영이요 생명인 말씀을 먹고 그리스도와 더불어 교제함으로써 자란다. 이것이 예수님이 말씀하신 "그 속에서 영생하도록 솟아나는 샘물"(요 4:14)이고, "그 배에서 흘러나는 생수의 강"(요 7:38)이다. 모든 열매는 안에 있는 생명으로부터 흘러나온 것이다. 좋은 나무인 모든 그리스도인들은 그리스도로부터 흘러나는 생명으로부터 좋은 열매를 맺는 사람들이다(마 7:17-20).

이 책이 사랑나무를 심고 가꾸고 열매를 거두는 그리스도인들의 아름다운 삶에 작은 기쁨의 선물이 되기를 소망한다.

마음의 법 사랑의 법

The Law of Mind, The Law of Love

2017년 2월 20일 초판 발행

지 은 이 | 정재익

편　　집 | 정희연, 곽진수
디 자 인 | 윤민주
펴 낸 곳 | 사)기독교문서선교회
등　　록 | 제16-25호(1980. 1. 18)
주　　소 | 서울시 서초구 방배로 68
전　　화 | 02) 586-8761-3(본사) 031) 942-8761(영업부)
팩　　스 | 02) 523-0131(본사) 031) 942-8763(영업부)
홈페이지 | www.clcbook.com
이 메 일 | clckor@gmail.com
온 라 인 | 기업은행 073-000308-04-020, 국민은행 043-01-0379-646
　　　　　예금주: 사)기독교문서선교회

ISBN 978-89-341-1622-6 (03230)

* 낙장·파본은 교환해 드립니다.

이 도서의 국립중앙도서관 출판시 도서목록(CIP)은 서지정보유통지원시스템 홈페이지(http://seoji.nl.go.kr)와 국가자료공동목록시스템(http://www.nl.go.kr/kolisnet)에서 이용하실 수 있습니다.
(CIP제어번호: CIP2017001570)